Learn French With Short Stories Parallel French & English Vocabulary for Beginners

From Easter to Moving Day: Clara's Life-Changing Spring in Lyon

French Hacking

Copyright © 2024 French Hacking

All rights reserved. No part of this publication may be reproduced, distributed or transmitted in any form or by any means, including photocopying, recording, or other electronic or mechanical methods, without the prior written permission of the publisher, except in the case of brief quotations embodied in critical reviews and certain other non-commercial uses permitted by copyright law.

Trademarked names appear throughout this book. Rather than use a trademark symbol with every occurrence of a trademarked name, names are used in an editorial fashion, with no intention of infringement of the respective owner's trademark. The information in this book is distributed on an "as is" basis, without warranty. Although every precaution has been taken in the preparation of this work, neither the author nor the publisher shall have any liability to any person or entity with respect to any loss or damage caused or alleged to be caused directly or indirectly by the information contained in this book.

"One language sets you in a corridor for life. Two languages open every door along the way."

- Frank Smith

French Hacking

French Hacking is a revolutionary educational language learning company focused on teaching individuals how to learn French in the shortest time possible. Our mission is for our students to develop a command of the French language by utilizing the hacks, tips, and tricks included in the learning materials we create. We want our students to become confident in their speaking abilities as they advance their conversational skills by teaching what's necessary without having to learn the finer details that don't make much of a difference or aren't even used in the real world.

Unlike our competitors, who have books geared toward multiple languages, our language learning books are dedicated exclusively to learning French. Our focus on only one language allows us to truly concentrate on creating superior educational materials.

Our books are created by native French speakers and then put through a vigorous editing process with two more native French editors and proofreaders to ensure the highest quality content. Rest assured that you are learning proper grammar and syntax as you read through our books.

The unique formatting of our books will give you the best experience possible as you learn French! The bilingual English and French text appear side-by-side for easy reference without needing a dictionary. With fun images for each chapter, you will better visualize the scenes within the story and stay engaged. Reading is an immersive experience, and we want to make learning fun and enjoyable.

There are no other books like ours on the market. Let us help accelerate your journey to learn French with our fun and effective educational materials that make learning French a breeze!

About this book

This book offers a distinctive approach to mastering French through an immersive experience, blending delightful storytelling with a practical learning format.

As you embark on this adventure, you will notice that each chapter is presented twice: once in French alone and once in parallel text with side-by-side translations, featuring the original French text alongside its English counterpart. Our goal is to provide you with an authentic and engaging way to learn French as it is spoken and written.

We want to highlight that the English translations are crafted from the original French, focusing primarily on conveying the meaning and essence of the text. This means that, at times, the translations might not follow the typical structures or idioms of standard English. Such instances are intentional, aiming to give you a deeper understanding of the French language, including its unique expressions and nuances.

This method encourages you to think in French, rather than simply translating words. As you progress through the stories, you will find yourself naturally grasping the French language, appreciating its beauty, and understanding its context more clearly.

Who's it for?

This book is written for students who are just starting out, all the way to intermediate French learners (if you're familiar with the Common European Framework of Reference - CEFR, it would be the equivalent to A1-B1).

Why you'll enjoy this book

- Not a kid's story, they have too many wizards and animals that you don't use in everyday speech.
- The story line is interesting and something you can relate to, unlike children's books.
- There is relevant vocab you can use right away which will motivate you to read more.
- No dictionary needed as there are easy to follow translations next to each paragraph.

How to get the most out of this book

1. Read the chapter all in French and see how much you can pick up on.
2. Read the side by side French/English section to fill in any gaps you weren't able to understand.
3. Download the audio and have a listen.
4. Listen to the audio while simultaneously reading the story.

BONUS!

Enhance your learning experience with a complimentary Audiobook and PDF of this book! Discover the details on the back page.

Table of Contents

Main characters 1
1. Déjeuner manqué avec Julien 2
2. On commence le tennis 14
3. Les animaux au Parc de la Tête d'Or 26
4. La fête de Pâques en famille 37
5. Christophe et Céline 48
6. L'appartement de la rue Duviard est pour elles ! 59
7. Scruffles est malade 71
8. Julien invite Clara au théâtre 83
9. La préparation du déménagement 95
10. Soirée dîner avec les copains 107
Bonus 1 120
Bonus 2 122
Answers 134

Main characters

The French family:

1. Déjeuner manqué avec Julien

Avec tous ces évènements, Clara **oublie** un peu Julien, parfois. Il lui arrive de ne pas répondre avant quelques heures, et quand elle se réveille, elle ne regarde plus **systématiquement** son téléphone pour voir s'il lui a écrit. Le déménagement prochain, la recherche d'appartement, son chien, les cours… Elle n'est plus très investie dans leur relation. Elle ne s'en inquiète pas car elle pense que c'est **temporaire**. Elle a l'**esprit ailleurs**, c'est tout !

Julien, pour sa part, s'en inquiète un peu plus. Il écrit toujours chaque jour et il essaye de **planifier** des rendez-vous, mais Clara a toujours quelque chose de plus important à faire ! Il craint un peu qu'elle ne l'aime plus. Pour **attirer** son **attention**, il essaye d'abord de lui écrire un peu moins. Mais cela n'a pas l'air de changer son attitude. Clara ne s'aperçoit pas de la **baisse** de fréquence des messages. Elle est tout simplement très occupée !

Les filles n'ont pas encore de réponse pour **tous** les appartements visités, et elles continuent à trouver de nouvelles annonces intéressantes. En plus de tous ces évènements et activités, Céline et Clara ont décidé de se mettre au sport. Un peu d'exercice ne leur ferait pas de mal. En effet, elles sont la plupart du temps **assises**, soit pour étudier, soit pour discuter, ou pour chercher des appartements. Elles se sont mises d'accord sur le tennis, et elles ont déjà **réservé** leur premier cours en petit groupe les samedi matin. Premier cours

le week-end prochain !

Oublier (verbe) : to forget
Systématiquement (adverbe) : systematically
Temporaire (adjectif) : temporary, provisional
Esprit (m) (nom commun) : mind
Ailleurs (adverbe) : elsewhere, somewhere else
Planifier (verbe) : to schedule
Attirer l'attention (locution verbale) : to draw attention
Baisse (f) (nom commun) : drop, fall, decrease
Tout (adjectif) : all
Assis (adjectif) : seated, sitting
Réserver (verbe) : to book

Cet après-midi, elles décident d'aller acheter **quelques** vêtements de sport, des baskets et des **raquettes** de tennis. Elles vont au **magasin** de sport et passent une bonne heure à choisir et à faire des **essayages**. Quand elles ont trouvé tout ce dont elles ont besoin, elles se dirigent vers la maison et s'arrêtent dans un café sur le chemin pour profiter du soleil **frais** d'avril.

Elles **commandent** un café et un chocolat **chaud**, puis s'installent en terrasse, **emmitouflées** dans leurs manteaux : il fait beau, mais froid. Clara regarde son téléphone… Et là, c'est l'horreur : cinq appels manqués de Julien, et trois messages. Ça lui revient d'un seul coup ! Elle avait rendez-vous avec Julien pour déjeuner ! Comment a-t-elle pu oublier une chose pareille !

« Tout va bien Clara ? demande Céline, en la voyant **blêmir** soudainement.

- Non, non non ! Ça ne va pas du tout ! Mon Dieu, quelle **crétine** ! s'exclame Clara.

- Comment ça, qu'est-ce qu'il se passe ? s'inquiète Céline.

- Tu ne vas pas le croire. Je suis **nulle** !

- Allez, arrête, ça n'est sûrement pas si **grave** que ça… essaye de tempérer Céline. Qu'est-ce que tu as fait, dis-moi !

- J'avais un rendez-vous avec Julien, répond Clara. Voilà, ce midi, j'avais rendez-vous, pour déjeuner. Et ça m'est complètement sorti de la tête !

- Ah, zut, et il t'a appelée, c'est ça ?

- Évidemment : il m'a appelée cinq fois, laissé des messages ! Oh là là... Il ne va jamais me le **pardonner** ! En plus si je lui explique que j'ai manqué notre rendez-vous pour aller faire du shopping avec toi… »

Quelque (adjectif) : some
Raquette (f) (nom commun) : racket
Magasin (m) (nom commun) : shop
Essayage (m) (nom commun) : trying on (clothes)
Frais (adjectif) : cool, chilly
Commander (verbe) : to order
Chaud (adjectif) : hot, warm
Emmitouflé (adjectif) : wrapped up
Blêmir (verbe) : to turn pale
Crétin (adjectif) : stupid, silly
Nul (adjectif) : bad, lame
Grave (adjectif) : serious
Pardonner (verbe) : to forgive

En effet, Céline comprend bien le problème. Et en effet, il est **délicat** d'expliquer la situation. Mais, conseille Céline, il ne faut pas le faire attendre plus longtemps. Les messages de Julien sont très **clairs** : le premier est pour dire qu'il est arrivé, le deuxième pour lui demander si elle a oublié, le troisième pour lui dire qu'il s'inquiète : « J'**espère** que ça va ? Il y a un problème avec Scruffles ? Tu as perdu ton téléphone ? Si tu as oublié, au moins, **fais-moi signe**, parce que je suis un peu inquiet… ». C'était il y a deux heures et demie. **Catastrophe** !

Céline suggère à Clara de le rappeler immédiatement. Mais elle n'**ose** pas, elle a trop **peur** de la réaction, et elle ne sait pas quoi dire pour expliquer. Céline, toujours de bon conseil, lui dit de ne pas **mentir**. Il vaut mieux dire la vérité que s'emmêler dans un mensonge, et la vérité finit toujours par éclater. « Appelle-le et dis-lui, que tu es très chargée, que je t'ai proposé ça en dernière minute, que tu croyais qu'on était un autre jour, que tu es un peu **perdue** avec ces histoires de fac, de déménagement, de chien… Je suis sûre qu'il va **comprendre**. Il va être fâché mais il va comprendre et se calmer. »

En effet (locution adverbiale) : indeed, in fact
Délicat (adjectif) : delicate

Clair (adjectif) : clear, obvious
Espérer (verbe) : to hope
Fais-moi signe (expression) : let me know
Catastrophe (f) (nom commun) : disaster
Oser (verbe) : to dare
Peur (f) (nom commun) : fear
Mentir (verbe) : to lie
Perdu (adjectif) : lost
Comprendre (verbe) : to understand

C'est un bon conseil en effet et Clara **prend son courage à deux mains** pour appeler Julien. Celui-ci est **furieux** et Céline peut l'entendre parler très fort au téléphone. Clara se lève et **s'éloigne** pour un peu d'intimité et pour ne pas gêner les voisins en terrasse. Elle se sent vraiment nulle. Elle parle **doucement**, sur un ton très **triste**, elle essaye d'expliquer et elle s'excuse mille fois. « Pardon, Julien, vraiment, je te demande pardon. Je suis très chargée, j'ai l'esprit **ailleurs**. Je ne t'oublie pas, j'ai oublié le jour, c'est différent ! Ne m'en veux pas. Je suis sûre que ça pourrait arriver à n'importe qui, ça ne veut rien dire pour nous, ça n'a rien à voir avec toi. Bien sûr que je t'aime ! Pourquoi penses-tu que je te rappelle, je t'ai appelé dès que j'ai vu tes messages... »

Après une dizaine de minutes de conversation, Clara **raccroche**, l'air triste et fatigué. Elle rejoint son amie sur la terrasse. Le chocolat chaud est presque froid. Elle explique la situation à Céline. Voilà, Julien **fait la tête**. Il est très fâché, il l'a attendue au restaurant pendant quarante cinq minutes et il a mangé seul. Il pense qu'elle ne fait pas attention à lui, qu'elle l'oublie. C'est peut-être un peu **vrai** ? Mais, on a le droit d'être très occupé, non ? Il faut qu'elle se fasse pardonner. Elle va réfléchir à un **cadeau**, ou à une surprise, pour qu'il ne soit plus fâché.

Les filles rentrent à la maison en discutant. Clara est très inquiète, mais Céline en est sûre : c'est normal qu'il soit fâché, et il va se calmer.

Prendre son courage à deux mains (locution verbale) : to muster the courage
Furieux (adjectif) : furious
S'éloigner (verbe pronominal) : to get away, to walk away
Doucement (adverbe) : quietly
Triste (adjectif) : sad
Ailleurs (adverbe) : elsewhere, somewhere else

Raccrocher (verbe) : to hang up
Faire la tête (locution verbale) : to sulk
Vrai (adjectif) : true
Cadeau (m) (nom commun) : present, gift

Questions (Chapitre 1)

1. Pourquoi Clara écrit de moins en moins à Julien ?
a) Parce qu'elle a rencontré un autre garçon
b) Parce qu'elle ne veut plus s'investir dans cette relation
c) Parce que Julien ne lui écrit plus
d) Parce qu'elle est très occupée

2. Quel sport Céline et Clara ont elles décidé de pratiquer ?
a) Le tennis
b) Le tennis de table
c) La danse
d) L'équitation

3. Qu'est-ce que Clara a oublié ?
a) D'acheter des vêtements de sport
b) D'acheter des raquettes de tennis
c) Son déjeuner avec Julien
d) D'aller visiter un appartement

4. Quelle est la réaction de Julien lorsque Clara le rappelle ? (Plusieurs réponses possibles)
a) Il est très fâché
b) Il comprend que Clara soit très occupée et lui dit que ce n'est pas grave
c) Il ne répond pas aux appels de Clara
d) Il fait la tête

5. Combien de temps Julien a attendu Clara au restaurant ?
a) Une heure
b) Trente minutes
c) Quarante-cinq minutes
d) Deux heures

1. Déjeuner manqué avec Julien

Avec tous ces évènements, Clara oublie un peu Julien, parfois. Il lui arrive de ne pas répondre avant quelques heures, et quand elle se réveille, elle ne regarde plus systématiquement son téléphone pour voir s'il lui a écrit. Le déménagement prochain, la recherche d'appartement, son chien, les cours… Elle n'est plus très investie dans leur relation. Elle ne s'en inquiète pas car elle pense que c'est temporaire. Elle a l'esprit ailleurs, c'est tout !

Julien, pour sa part, s'en inquiète un peu plus. Il écrit toujours chaque jour et il essaye de planifier des rendez-vous, mais Clara a toujours quelque chose de plus important à faire ! Il craint un peu qu'elle ne l'aime plus. Pour attirer son attention, il essaye d'abord de lui écrire un peu moins. Mais cela n'a pas l'air de changer son attitude. Clara ne s'aperçoit pas de la baisse de fréquence des messages. Elle est tout simplement très occupée !

Les filles n'ont pas encore de réponse pour tous les appartements visités, et elles continuent à trouver de nouvelles annonces intéressantes. En plus de tous ces évènements et activités, Céline et Clara ont décidé de se mettre au sport. Un peu d'exercice ne leur ferait pas de mal. En effet, elles sont la plupart du

1. Missed lunch with Julien

With so much going on, Clara sometimes forgets about Julien a little. Sometimes she doesn't reply for a few hours, and when she wakes up, she no longer regularly checks her phone to see if he's written to her. The upcoming move, apartment hunting, her dog, classes… She's no longer very invested in their relationship. She doesn't worry about it because she thinks it's temporary. Her mind is elsewhere, that's all!

Julien, for his part, is a little more worried about it. He still writes every day and tries to plan dates, but Clara always has something more important to do! He's a little worried that she doesn't like him anymore. To get her attention, he first tries to write a little less. But this doesn't seem to change her attitude. Clara doesn't seem to notice the drop in the frequency of messages. She's just very busy!

The girls still haven't heard back from all the apartments they've visited, and they're still finding new, interesting ads. In addition to all these events and activities, Céline and Clara have decided to start working out. A little exercise wouldn't do them any harm. After all, they spend most of their time

temps assises, soit pour étudier, soit pour discuter, ou pour chercher des appartements. Elles se sont mises d'accord sur le tennis, et elles ont déjà réservé leur premier cours en petit groupe les samedi matin. Premier cours le week-end prochain !

Cet après-midi, elles décident d'aller acheter quelques vêtements de sport, des baskets et des raquettes de tennis. Elles vont au magasin de sport et passent une bonne heure à choisir et à faire des essayages. Quand elles ont trouvé tout ce dont elles ont besoin, elles se dirigent vers la maison et s'arrêtent dans un café sur le chemin pour profiter du soleil frais d'avril.

Elles commandent un café et un chocolat chaud, puis s'installent en terrasse, emmitouflées dans leurs manteaux : il fait beau, mais froid. Clara regarde son téléphone… Et là, c'est l'horreur : cinq appels manqués de Julien, et trois messages. Ça lui revient d'un seul coup ! Elle avait rendez-vous avec Julien pour déjeuner ! Comment a-t-elle pu oublier une chose pareille !

« Tout va bien Clara ? demande Céline, en la voyant blêmir soudainement.

- Non, non non ! Ça ne va pas du tout ! Mon Dieu, quelle crétine ! s'exclame Clara.

- Comment ça, qu'est-ce qu'il se

sitting down; either studying, chatting or looking for apartments. They've decided on tennis, and have already booked their first small group lessons on Saturday morning. First lesson next weekend!

This afternoon, they decide to go buy some sportswear; sneakers and tennis rackets. They go to the sports store and spend a good hour choosing and trying on. When they've found everything they need, they head for home, stopping at a café on the way to enjoy the fresh April sunshine.

They order a coffee and a hot chocolate, then sit on the terrace wrapped up in their coats: it's sunny, but cold. Clara looks at her phone… And then horror strikes: five missed calls and three messages from Julien. All at once! She had a lunch date with Julien! How could she have forgotten such a thing?

"Is everything all right, Clara? asks Céline, seeing her suddenly turn pale.

- No, no, no! It's not okay at all! My God, what an idiot! exclaimed Clara.

- What do you mean, what's going

passe ? s'inquiète Céline.

- Tu ne vas pas le croire. Je suis nulle !

- Allez, arrête, ça n'est sûrement pas si grave que ça… essaye de tempérer Céline. Qu'est-ce que tu as fait, dis-moi !

- J'avais un rendez-vous avec Julien, répond Clara. Voilà, ce midi, j'avais rendez-vous, pour déjeuner. Et ça m'est complètement sorti de la tête !

- Ah, zut, et il t'a appelée, c'est ça ?

- Évidemment : il m'a appelée cinq fois, laissé des messages ! Oh là là… Il ne va jamais me le pardonner ! En plus si je lui explique que j'ai manqué notre rendez-vous pour aller faire du shopping avec toi… »

En effet, Céline comprend bien le problème. Et en effet, il est délicat d'expliquer la situation. Mais, conseille Céline, il ne faut pas le faire attendre plus longtemps. Les messages de Julien sont très clairs : le premier est pour dire qu'il est arrivé, le deuxième pour lui demander si elle a oublié, le troisième pour lui dire qu'il s'inquiète : « J'espère que ça va ? Il y a un problème avec Scruffles ? Tu as perdu ton téléphone ? Si tu as oublié, au moins, fais-moi signe, parce que je suis un peu inquiet… » C'était il y a deux heures et demie. Catastrophe !

on? worries Céline.

- You're not going to believe this. I'm such a loser!

- Come on, it's probably not that serious… says Céline, to try to calm her down. What did you do, tell me!

- I had a date with Julien, Clara replies. Well, I had a lunch date this afternoon. And it completely slipped my mind!

- Oh, dear, and he called you, right?

- Of course: he called me five times, left messages! Oh dear… He's never going to forgive me! What's more, if I explain to him that I missed our date to go shopping with you…"

Indeed, Céline understands the problem. And indeed, explaining the situation is tricky. But, Céline advises, don't make him wait any longer. Julien's messages are very clear: the first is to say he's arrived, the second to ask if she's forgotten, the third to tell her he's worried: "I hope you're okay? Is something wrong with Scruffles? Have you lost your phone? If you've forgotten, at least let me know, because I'm a bit worried…" That was two and a half hours ago. Catastrophe!

Céline suggère à Clara de le rappeler immédiatement. Mais elle n'ose pas, elle a trop peur de la réaction, et elle ne sait pas quoi dire pour expliquer. Céline, toujours de bon conseil, lui dit de ne pas mentir. Il vaut mieux dire la vérité que s'emmêler dans un mensonge, et la vérité finit toujours par éclater. « Appelle-le et dis-lui, que tu es très chargée, que je t'ai proposé ça en dernière minute, que tu croyais qu'on était un autre jour, que tu es un peu perdue avec ces histoires de fac, de déménagement, de chien… Je suis sûre qu'il va comprendre. Il va être fâché mais il va comprendre et se calmer. »

C'est un bon conseil en effet et Clara prend son courage à deux mains pour appeler Julien. Celui-ci est furieux et Céline peut l'entendre parler très fort au téléphone. Clara se lève et s'éloigne pour un peu d'intimité et pour ne pas gêner les voisins en terrasse. Elle se sent vraiment nulle. Elle parle doucement, sur un ton très triste, elle essaye d'expliquer et elle s'excuse mille fois. « Pardon, Julien, vraiment, je te demande pardon. Je suis très chargée, j'ai l'esprit ailleurs. Je ne t'oublie pas, j'ai oublié le jour, c'est différent ! Ne m'en veux pas. Je suis sûre que ça pourrait arriver à n'importe qui, ça ne veut rien dire pour nous, ça n'a rien à voir avec toi. Bien sûr que je t'aime ! Pourquoi penses-tu que je te rappelle, je t'ai appelé dès que j'ai vu tes messages… »

Céline suggested that Clara call him back immediately. But she doesn't dare, she's too afraid of the reaction, and she doesn't know what to say to explain. Céline, always ready with good advice, tells her not to lie. It's better to tell the truth than get tangled up in a lie, and the truth always comes out in the end. "Call him up and tell him you're very busy, that I suggested this at the last minute, that you thought it was another day, that you're a little bit lost with all this college stuff, moving, dog... I'm sure he'll understand. He'll be angry, but he'll understand and calm down."

It's good advice indeed, and Clara plucks up the courage to call Julien. He's furious and Céline can hear him talking very loudly through the phone. Clara gets up and walks away for a bit of privacy and not to disturb the neighbors on the terrace. She's feeling really lousy. She speaks softly, in a very sad tone, tries to explain and apologizes a thousand times. "Sorry, Julien, really, I beg your forgiveness. I'm very busy, my mind is elsewhere. I didn't forget you, I forgot the day, that's different! Please don't be angry with me. I'm sure it could happen to anyone, it doesn't mean anything to us, it has nothing to do with you. Of course I like you! Why do you think I'm calling you back, I called you as soon as I saw your messages..."

Après une dizaine de minutes de conversation, Clara raccroche, l'air triste et fatigué. Elle rejoint son amie sur la terrasse. Le chocolat chaud est presque froid. Elle explique la situation à Céline. Voilà, Julien fait la tête. Il est très fâché, il l'a attendue au restaurant pendant quarante cinq minutes et il a mangé seul. Il pense qu'elle ne fait pas attention à lui, qu'elle l'oublie. C'est peut-être un peu vrai ? Mais, on a le droit d'être très occupé, non ? Il faut qu'elle se fasse pardonner. Elle va réfléchir à un cadeau, ou à une surprise, pour qu'il ne soit plus fâché.

Les filles rentrent à la maison en discutant. Clara est très inquiète, mais Céline en est sûre : c'est normal qu'il soit fâché, et il va se calmer.

After ten minutes or so of conversation, Clara hangs up, looking sad and tired. She joins her friend on the terrace. The hot chocolate is almost cold. She explains the situation to Céline. Julien is sulking. He's very angry, he waited for her at the restaurant for forty-five minutes and ate alone. He thinks she doesn't care about him, that she's forgotten him. Maybe that's somewhat true? But it's okay to be busy, isn't it? She needs to make it up to him. She'll think of a gift, or a surprise, so he won't be angry anymore.

The girls go home chatting. Clara is very worried, but Céline is sure: it's normal for him to be angry, and he'll calm down.

Questions (Chapitre 1)

1. Pourquoi Clara écrit de moins en moins à Julien ?
a) Parce qu'elle a rencontré un autre garçon
b) Parce qu'elle ne veut plus s'investir dans cette relation
c) Parce que Julien ne lui écrit plus
d) Parce qu'elle est très occupée

2. Quel sport Céline et Clara ont elles décidé de pratiquer ?
a) Le tennis
b) Le tennis de table
c) La danse
d) L'équitation

3. Qu'est-ce que Clara a oublié ?
a) D'acheter des vêtements de sport
b) D'acheter des raquettes de tennis
c) Son déjeuner avec Julien
d) D'aller visiter un appartement

4. Quelle est la réaction de Julien lorsque Clara le rappelle ? (Plusieurs réponses possibles)
a) Il est très fâché
b) Il comprend que Clara soit très occupée et lui dit que ce n'est pas grave
c) Il ne répond pas aux appels de Clara
d) Il fait la tête

5. Combien de temps Julien a attendu Clara au restaurant ?
a) Une heure
b) Trente minutes
c) Quarante-cinq minutes
d) Deux heures

Questions (Chapter 1)

1. Why does Clara write less and less to Julien?
a) Because she's met another boy
b) Because she no longer wants to invest in the relationship
c) Because Julien no longer writes to her
d) Because she's very busy

2. What sport have Céline and Clara decided to take up?
a) Tennis
b) Table tennis
c) Dance
d) Horse-riding

3. What did Clara forget?
a) To buy sports clothes
b) To buy tennis rackets
c) Lunch with Julien
d) Visiting an apartment

4. What is Julien's reaction when Clara calls him back? (Several answers possible)
a) He's very angry
b) He understands that Clara is very busy and tells her it's okay
c) He doesn't answer Clara's calls
d) He sulks

5. How long did Julien wait for Clara at the restaurant?
a) One hour
b) Thirty minutes
c) Forty-five minutes
d) Two hours

2. On commence le tennis

Clara a bien réfléchi. Elle veut se faire pardonner, et elle veut montrer à Julien qu'elle tient à lui. Il faut qu'il comprenne que ce n'est pas contre lui, qu'elle **gère** mal son temps. En fait, elle n'a presque pas dormi de la nuit. Elle lui a écrit **tellement de** messages d'excuses que ça ne sert plus à rien d'écrire. En plus, il ne répond pas. Il fait la tête, c'est clair. Elle peut voir sur les notifications : il reçoit les messages mais ne répond pas. Même à deux heures du matin, il a lu son message et l'a ignoré. C'est presque un peu **méchant**.

Le matin, c'est samedi. Clara se réveille avec difficultés. C'est Scruffles qui finit par la sortir du lit en **aboyant** à sa porte. Elle se lève en **ronchonnant**, avec beaucoup de difficultés. Elle est fatiguée et de très mauvaise humeur. Devant son café, elle **relit** tous les messages qu'elle a envoyés - sans réponse. Florence voit bien que Clara n'est pas bien, mais elle n'ose rien dire. Mattéo la **taquine** : « Alors, tu t'es levée du pied gauche Clara ? » Céline, qui sait ce qui lui arrive, dit à Mattéo de **se taire**. Quand le petit déjeuner est **terminé**, elle rappelle à Clara que dans deux heures, elles doivent aller au tennis. Elle avait oublié, ça aussi.

Mais ça lui **fait plaisir** : elle va pouvoir se défouler, penser à autre chose, et peut-être qu'elle trouvera une idée pour se faire pardonner.

Gérer (verbe) : to manage, to handle
Tellement de (adverbe) : so many, so much
Méchant (adjectif) : mean, nasty
Aboyer (verbe) : to bark
Ronchonner (verbe) : to grumble
Relire (verbe) : to read again
Taquiner (verbe) : to tease
Se taire (verbe pronominal) : to shut up
Terminé (adjectif) : finished, over
Faire plaisir (locution verbale) : to make (someone) happy

Les filles s'habillent pour le sport et prennent leurs raquettes. Elles ont décidé d'aller **à pied** au **cours**, c'est **à peu près** à trois quarts d'heure de marche. Un bon échauffement pour le sport ! Sur le chemin, Céline donne des idées à son amie : un restaurant, un cinéma ? Un cadeau, peut-être ? Un parfum, un pull ou un **portefeuille** ? Ou bien tout simplement une bouteille de vin et une promenade en amoureux…

Elles arrivent au cours de tennis. Le prof de tennis est magnifique. Il est **jeune**, souriant, il a l'allure d'un chic type, il est très grand, il a les **cheveux** longs. Il s'appelle Christophe. « Un Dieu grec, » se dit Céline. Il les accueille d'un air détendu, avec humour et simplicité. Les filles sont sous le charme, elles se regardent d'un air entendu : ça va être top, ces **séances** de tennis le samedi !

D'un point de vue sportif, le premier cours est une catastrophe. Clara **manque** presque toutes les balles et Céline n'arrive pas à faire un service. Cependant, elles rient beaucoup et Christophe est très pédagogue. Il ne semble pas inquiet pour elles : c'est normal de ne pas être **doué** dès le premier cours. C'est la première fois qu'elles **font du tennis**. Elles vont y arriver. Il est **encourageant** et il est surtout **constamment** souriant. Cela n'aide pas Céline qui se concentre sur la balle avec difficulté : elle est bien plus intéressée par le sourire du beau tennisman.

À pied (locution adverbiale) : on foot
Cours (m) (nom commun) : lesson
À peu près (locution adverbiale) : around, about
Portefeuille (m) (nom commun) : wallet
Jeune (adjectif) : young
Cheveux (m, pl) (nom commun) : hair

Séance (f) (nom commun) : session
Manquer (verbe) : to miss
Doué (adjectif) : gifted
Faire du tennis (locution verbale) : to play tennis
Encourageant (adjectif) : encouraging
Constamment (adverbe) : constantly

Le cours, qui a duré deux heures, **échauffement** et **étirements** compris, a beaucoup détendu Clara. Elle se sent plus **sereine** et les deux filles rentrent en vélo de location, fatiguées mais ravies, le sourire aux lèvres. Elles passent la fin de l'après-midi à la maison, avec un thé et quelques livres de cours pour réviser leurs examens. Elles prennent quelques pauses pour discuter.

« Bon, je pense que je vais attendre demain pour lui écrire à nouveau, déclare Clara.

- À Julien ? Oui, c'est sûrement mieux. Laisse-lui le temps de **décompresser**. Tu vas lui proposer quoi ? demande alors Céline.

- Je ne suis pas encore sûre. Je voudrais lui faire une surprise, répond-elle. Et profiter du soleil, peut-être aller faire une promenade avec lui. On pourrait discuter et se retrouver vraiment. Je dois lui **consacrer** plus de temps, si je veux que ça marche entre nous. J'ai appris la leçon, j'ai été trop **distante** !

- Voilà qui me semble **sage**. Alors, quelle surprise ? »

Et elles discutent de la **meilleure** stratégie pour une surprise. Clara décide finalement de lui écrire demain mais de ne rien proposer. Elle se rendra à la sortie de ses cours, à la fac, le mercredi, car ils finissent **tous les deux** en début d'après-midi. Elle aura avec elle un bouquet de fleurs (pourquoi pas ? On offre toujours des fleurs aux femmes, mais les fleurs sont pour tout le monde). Et elle lui proposera de se promener et ils iront au Parc de la Tête d'Or. Elle aura préparé un pique-nique qu'ils pourront manger dans le parc. Puis ils pourront aller voir les animaux, faire un petit tour de **bateau**, et, s'il n'est plus trop fâché, elle l'invitera au restaurant le soir.

Échauffement (m) (nom commun) : warm-up
Étirement (m) (nom commun) : stretching
Serein (adjectif) : calm, relaxed, serene
Décompresser (verbe) : to relax

Consacrer (verbe) : to give time to something
Distant (adjectif) : distant, cold
Sage (adjectif) : wise
Meilleur (adjectif) : better
Tous les deux (pronom) : both
Bateau (m) (nom commun) : boat, ship

Céline pense que c'est simple et très bien. Elle aimerait bien qu'un homme lui propose de telles activités : promenades, pique-nique, restaurant… Elle aime bien donner des **conseils** à Clara, mais au fond, elle est un peu jalouse. Pas **méchamment**, bien sûr, mais elle voudrait avoir un petit ami aussi. Elle reparle de Christophe, le **prof** de tennis.

« Mais bon, faut pas rêver ! Il est beaucoup trop **canon**, il doit avoir une copine, dit-elle.

- Alors ça, tu ne sais pas. Si j'étais toi, j'**investiguerais** ! répond Clara en souriant. C'est vrai qu'il est vraiment très beau.

- Et sympa, et **drôle**. Je suis déjà impatiente de retourner au cours de tennis la semaine prochaine ! »

Sur cette discussion, les filles finissent le thé et rangent leurs affaires de cours. Elles vont aider les parents à préparer le repas. Le téléphone de Clara **sonne** un coup : c'est une notification de message. C'est Julien : « Bien reçu tous tes messages d'excuse. Excuse-moi du temps de réponse. Je suis un peu triste, mais ça va aller. Bonne soirée. » Bon, c'est un peu froid, mais c'est gentil. Et c'est un premier **pas**. Elle décide de ne pas répondre dans l'immédiat : **comme prévu**, elle lui écrira demain.

Conseil (m) (nom commun) : advice
Méchamment (adverbe) : spitefully, badly
Prof (m/f) (nom commun) : teacher
Canon (m) (nom commun) : hot, stunning
Investiguer (verbe) : to investigate
Drôle (adjectif) : funny
Sonner (verbe) : to ring
Pas (m) (nom commun) : step
Comme prévu (locution adverbiale) : as planned

Questions (Chapitre 2)

1. Comment Julien réagit-il aux messages de Clara ?
a) Il les ignore
b) Il répond aux messages
c) Il a directement appelé Clara en voyant tous ses messages
d) Il ne reçoit pas les messages

2. Qu'est-ce que Clara veut proposer à Julien pour se faire pardonner ? (Plusieurs réponses possibles)
a) Un bouquet de fleurs
b) Une promenade
c) D'aller au restaurant
d) D'aller au cinéma

3. Comment Céline trouve-t-elle le prof de tennis ?
a) Ce n'est pas du tout son style de garçon
b) Elle le trouve arrogant et prétentieux
c) Elle le trouve trop vieux
d) Canon, jeune et souriant

4. Quand sera le prochain cours de tennis ?
a) Demain
b) La semaine prochaine
c) Elles n'y retourneront pas
d) Dans deux semaines

5. Est-ce que Julien finit par répondre aux messages de Clara ?
a) Non, il les ignore toujours
b) Il a rappelé Clara
c) Il a répondu froidement qu'il était triste
d) Il ne les a toujours pas reçus

2. On commence le tennis

Clara a bien réfléchi. Elle veut se faire pardonner, et elle veut montrer à Julien qu'elle tient à lui. Il faut qu'il comprenne que ce n'est pas contre lui, qu'elle gère mal son temps. En fait, elle n'a presque pas dormi de la nuit. Elle lui a écrit tellement de messages d'excuses que ça ne sert plus à rien d'écrire. En plus, il ne répond pas. Il fait la tête, c'est clair. Elle peut voir sur les notifications : il reçoit les messages mais ne répond pas. Même à deux heures du matin, il a lu son message et l'a ignoré. C'est presque un peu méchant.

Le matin, c'est samedi. Clara se réveille avec difficultés. C'est Scruffles qui finit par la sortir du lit en aboyant à sa porte. Elle se lève en ronchonnant, avec beaucoup de difficultés. Elle est fatiguée et de très mauvaise humeur. Devant son café, elle relit tous les messages qu'elle a envoyés - sans réponse. Florence voit bien que Clara n'est pas bien, mais elle n'ose rien dire. Mattéo la taquine : « Alors, tu t'es levée du pied gauche Clara ? » Céline, qui sait ce qui lui arrive, dit à Mattéo de se taire. Quand le petit déjeuner est terminé, elle rappelle à Clara que dans deux heures, elles doivent aller au tennis. Elle avait oublié, ça aussi.

Mais ça lui fait plaisir : elle va pouvoir se défouler, penser à autre chose, et

2. Starting tennis

Clara has thought it through. She wants to make amends, and she wants to show Julien that she cares about him. He has to understand that it's not about him, that she's mismanaging her time. In fact, she hardly slept all night. She's written him so many apologetic messages that there's no point in writing anymore. What's more, he doesn't reply. He's clearly sulking. She can see on the notifications: he receives messages but doesn't reply. Even at two in the morning, he's read her message and ignored it. It's almost a little mean.

It's Saturday morning. Clara wakes with difficulty. It's Scruffles who finally gets her out of bed by barking at her door. She gets up, grumbling, with great difficulty. She's tired and in a very bad mood. Over her coffee, she rereads all the messages she's sent - without a response. Florence can see that Clara isn't feeling well, but she doesn't dare say anything. Mattéo teases her: "Did you get up on the wrong side of the bed?" Céline, who knows what's happening to her, tells Mattéo to shut up. When breakfast is over, she reminds Clara that in two hours they have to go to tennis. She'd forgotten that too.

But it makes her happy: she'll be able to let off steam, think about

peut-être qu'elle trouvera une idée pour se faire pardonner.

Les filles s'habillent pour le sport et prennent leurs raquettes. Elles ont décidé d'aller à pied au cours, c'est à peu près à trois quarts d'heure de marche. Un bon échauffement pour le sport ! Sur le chemin, Céline donne des idées à son amie : un restaurant, un cinéma ? Un parfum, un pull ou un portefeuille ? Ou bien tout simplement une bouteille de vin et une promenade en amoureux...

Elles arrivent au cours de tennis. Le prof de tennis est magnifique. Il est jeune, souriant, il a l'allure d'un chic type, il est très grand, il a les cheveux longs. Il s'appelle Christophe. « Un Dieu grec, » se dit Céline. Il les accueille d'un air détendu, avec humour et simplicité. Les filles sont sous le charme, elles se regardent d'un air entendu : ça va être top, ces séances de tennis le samedi !

D'un point de vue sportif, le premier cours est une catastrophe. Clara manque presque toutes les balles et Céline n'arrive pas à faire un service. Cependant, elles rient beaucoup et Christophe est très pédagogue. Il ne semble pas inquiet pour elles : c'est normal de ne pas être doué dès le premier cours. C'est la première fois qu'elles font du tennis. Elles vont y arriver. Il est encourageant et il est surtout constamment souriant. Cela n'aide pas Céline qui se concentre sur

something else, and maybe come up with an idea to make it up to him.

The girls get dressed for sport and grab their rackets. They've decided to walk to the class, which is about three-quarters of an hour away. A good warm-up for the sport! On the way, Céline gives her friend some ideas: a restaurant, a movie? A perfume, a sweater or a wallet? Or simply a bottle of wine and a romantic stroll...

They arrive to the tennis class. The tennis instructor is magnificent. He's young, smiling, he looks like a nice guy, he's very tall, he has long hair. His name is Christophe. "A Greek God," says Céline to herself. He greets them with a relaxed air, with humor, and simplicity. The girls are spellbound, they look at each other knowingly: these Saturday tennis sessions are going to be great!

From a sporting point of view, the first lesson is a disaster. Clara misses almost every ball and Céline can't manage a serve. However, they laugh a lot and Christophe is a great teacher. He doesn't seem to be worried about them: it's normal not to be good at the first lesson. It's their first time playing tennis. They'll get the hang of it. He's encouraging and, above all, constantly smiling. This doesn't help Céline, who has trouble concentrating on the ball: she's much

la balle avec difficulté : elle est bien plus intéressée par le sourire du beau tennisman.

Le cours, qui a duré deux heures, échauffement et étirements compris, a beaucoup détendu Clara. Elle se sent plus sereine et les deux filles rentrent en vélo de location, fatiguées mais ravies, le sourire aux lèvres. Elles passent la fin de l'après-midi à la maison, avec un thé et quelques livres de cours pour réviser leurs examens. Elles prennent quelques pauses pour discuter.

« Bon, je pense que je vais attendre demain pour lui écrire à nouveau, déclare Clara.

- À Julien ? Oui, c'est sûrement mieux. Laisse-lui le temps de décompresser. Tu vas lui proposer quoi ? demande alors Céline.

- Je ne suis pas encore sûre. Je voudrais lui faire une surprise, répond-elle. Et profiter du soleil, peut-être aller faire une promenade avec lui. On pourrait discuter et se retrouver vraiment. Je dois lui consacrer plus de temps, si je veux que ça marche entre nous. J'ai appris la leçon, j'ai été trop distante !

- Voilà qui me semble sage. Alors, quelle surprise ? »

Et elles discutent de la meilleure stratégie pour une surprise. Clara décide finalement de lui écrire

more interested in the smile of the handsome tennis player's face.

The class, which lasted two hours including warm-up and stretching, really relaxed Clara. She feels more serene, and the two girls rode home on rented bikes, tired but delighted, with smiles on their faces. They spend the rest of the afternoon at home with a cup of tea and some course books to revise for their exams. They take a few breaks to chat.

"I think I'll wait until tomorrow to write him again, says Clara.

- To Julien? Yes, that's probably best. Give him time to decompress. What are you going to propose to him? asks Céline.

- I'm not sure yet. I'd like to surprise him, she replies. And take advantage of the sunshine, maybe go for a walk with him. We could get together and really talk. I've got to make more time for him if I want things to work out between us. I've learned my lesson: I've been too distant!

- That seems wise to me. So, what's the surprise?"

And they discuss the best strategy for a surprise. Clara finally decided to write to him tomorrow, but not

demain mais de ne rien proposer. Elle se rendra à la sortie de ses cours, à la fac, le mercredi, car ils finissent tous les deux en début d'après-midi. Elle aura avec elle un bouquet de fleurs (pourquoi pas ? On offre toujours des fleurs aux femmes, mais les fleurs sont pour tout le monde). Et elle lui proposera de se promener et ils iront au Parc de la Tête d'Or. Elle aura préparé un pique-nique qu'ils pourront manger dans le parc. Puis ils pourront aller voir les animaux, faire un petit tour de bateau, et, s'il n'est plus trop fâché, elle l'invitera au restaurant le soir.

Céline pense que c'est simple et très bien. Elle aimerait bien qu'un homme lui propose de telles activités : promenades, pique-nique, restaurant… Elle aime bien donner des conseils à Clara, mais au fond, elle est un peu jalouse. Pas méchamment, bien sûr, mais elle voudrait avoir un petit ami aussi. Elle reparle de Christophe, le prof de tennis.

« Mais bon, faut pas rêver ! Il est beaucoup trop canon, il doit avoir une copine, dit-elle.

- Alors ça, tu ne sais pas. Si j'étais toi, j'investiguerais ! répond Clara en souriant. C'est vrai qu'il est vraiment très beau.

- Et sympa, et drôle. Je suis déjà impatiente de retourner au cours de tennis la semaine prochaine ! »

to suggest anything. She'll go to the university after her classes on Wednesday, as they both finish in the early afternoon. She'll have a bouquet of flowers with her (why not? Women are always given flowers, but flowers are for everyone). And she'll suggest a walk, and they'll go to the Parc de la Tête d'Or. She'll have prepared a picnic that they can eat in the park. Then they can go and see the animals, take a little boat trip, and, if he's not too upset, she'll invite him to a restaurant in the evening.

Céline thinks it's simple and very good. She'd love it if a man suggested such activities: walks, picnics, restaurants… She likes to give Clara advice but, deep down, she's a little jealous. Not maliciously, of course, but she'd like to have a boyfriend too. She mentions Christophe, the tennis instructor.

"But don't get your hopes up! He's way too hot, he's got to have a girlfriend, she says.

- You don't know that. If I were you, I'd investigate! replies Clara, smiling. It's true that he's really very handsome.

- And nice, and funny. I can't wait to get back to tennis next week!"

Sur cette discussion, les filles finissent le thé et rangent leurs affaires de cours. Elles vont aider les parents à préparer le repas. Le téléphone de Clara sonne un coup : c'est une notification de message. C'est Julien : « Bien reçu tous tes messages d'excuse. Excuse-moi du temps de réponse. Je suis un peu triste, mais ça va aller. Bonne soirée. » Bon, c'est un peu froid, mais c'est gentil. Et c'est un premier pas. Elle décide de ne pas répondre dans l'immédiat : comme prévu, elle lui écrira demain.

With that, the girls finish their tea and put away their lessons. They go to help the parents prepare dinner. Clara's phone rings: it's a message notification. It's Julien: "I've received all your apology messages. I'm sorry it took so long to get back to you. I'm a bit sad, but I'll be fine. Have a nice evening." Well, it's a bit cold, but it's nice. And it's a first step. She decides not to answer right away; as planned, she'll write him tomorrow.

Questions (Chapitre 2)

1. Comment Julien réagit-il aux messages de Clara ?
a) Il les ignore
b) Il répond aux messages
c) Il a directement appelé Clara en voyant tous ses messages
d) Il ne reçoit pas les messages

2. Qu'est-ce que Clara veut proposer à Julien pour se faire pardonner ? (Plusieurs réponses possibles)
a) Un bouquet de fleurs
b) Une promenade
c) D'aller au restaurant
d) D'aller au cinéma

3. Comment Céline trouve-t-elle le prof de tennis ?
a) Ce n'est pas du tout son style de garçon
b) Elle le trouve arrogant et prétentieux
c) Elle le trouve trop vieux
d) Canon, jeune et souriant

4. Quand sera le prochain cours de tennis ?
a) Demain
b) La semaine prochaine
c) Elles n'y retourneront pas
d) Dans deux semaines

5. Est-ce que Julien finit par répondre aux messages de Clara ?
a) Non, il les ignore toujours
b) Il a rappelé Clara
c) Il a répondu froidement qu'il était triste

Questions (Chapter 2)

1. How does Julien react to Clara's messages?
a) He ignores them
b) He replies to the messages
c) He called Clara directly when he saw all her messages
d) He doesn't receive the messages

2. What does Clara want to offer Julien to make amends? (Several answers possible)
a) A bouquet of flowers
b) A walk
c) Go to a restaurant
d) Go to the cinema

3. What does Céline think of the tennis instructor?
a) He's not her type of boy at all
b) She finds him arrogant and pretentious
c) She thinks he's too old
d) Hot, young and smiling

4. When's the next tennis lesson?
a) Tomorrow
b) Next week
c) They won't be going again
d) In two weeks

5. Does Julien ever reply to Clara's messages?
a) No, he always ignores them
b) He called Clara back
c) He replied coldly that he was sad
d) He still hasn't received them

d) Il ne les a toujours pas reçus

3. Les animaux au Parc de la Tête d'Or

Le **début** de la semaine se passe très bien. Dimanche, les filles se sont réveillées avec quelques **courbatures** du tennis de la veille – un petit rappel pour Céline, ravie de penser à son nouveau prof de tennis **au saut du lit**. La journée a été studieuse, et Clara a le sentiment qu'elle est plus ou moins **à jour** avec son travail pour la fac. Elle a aussi répondu à Julien, un gentil message : « Je suis triste de t'avoir fait de la peine. Je ne voulais pas te blesser. J'espère que tu vas passer un bon dimanche, ici c'est très calme, on révise avec Céline. J'espère te voir très vite, je te tiens au courant. Je t'aime. » Julien a simplement marqué d'un **cœur** la discussion. C'est bon signe.

Lundi et mardi sont studieux. Le mardi après-midi, Clara appelle le vétérinaire pour prendre rendez-vous : elle pense qu'il est temps de commencer les vaccins de sa petite boule de poil. Elle **a hâte d'être** libre de sortir Scruffles sans danger pour sa **santé**. Scruffles, lui, s'en fiche : il fait pipi sur des journaux et essaye de jouer avec le chat, et il écoute les commandes et apprend très vite. C'est un petit chien très facile, très **joueur** et très gentil. Un excellent compagnon !

Le mercredi arrive enfin et Clara peut penser à son plan de sauvegarde de son couple. La veille au soir, elle va faire des courses pour acheter de

quoi faire un pique-nique : du bon pain à la **boulangerie** du quartier, du **saucisson**, du **jambon** blanc, du fromage, des fruits et des légumes. Elle achète aussi un jus de fruit et deux bières, qu'elle place au frigo. Elle prépare des sandwiches avec des **cornichons**, du beurre, du jambon et du saucisson, elle coupe le fromage en petits **morceaux**, elle prépare une belle salade. À la fin, elle s'aperçoit qu'elle a préparé beaucoup trop de nourriture ! Mais c'est mieux que pas assez, se dit-elle.

> **Début** (m) (nom commun) : beginning, start
> **Courbature** (f) (nom commun) : stiffness
> **Au saut du lit** (locution adverbiale) : first thing in the morning
> **À jour** (locution adjectivale) : up to date
> **Cœur** (m) (nom commun) : heart
> **Avoir hâte de** (locution verbale) : can't wait for
> **Santé** (f) (nom commun) : health
> **Joueur** (m) (nom commun) : player
> **Boulangerie** (f) (nom commun) : bakery
> **Saucisson** (m) (nom commun) : dried sausage
> **Jambon** (m) (nom commun) : ham
> **Cornichon** (m) (nom commun) : pickle
> **Morceau** (m) (nom commun) : piece

Mercredi, à midi, elle **court** chez le **fleuriste** pour acheter un beau bouquet de **pivoines**, ses fleurs favorites. Elles sont d'un beau violet profond et elles sentent divinement bon. Puis elle prend un vélo, met le pique-nique et le bouquet dans le **panier** et pédale **à toute allure** pour arriver à temps à la fac de Julien. Elle pose le vélo et se précipite vers la sortie des cours.

Quand Julien sort enfin, il semble très étonné de la voir. Elle lui tend le bouquet de fleurs, en **rougissant** un peu. Julien sourit : c'est gagné ! Il prend le bouquet, puis la prend dans ses bras et la serre très fort contre lui. Clara est soulagée, et heureuse. Elle a envie de rester dans ses bras toute sa vie. Julien lui propose de porter son sac, et elle accepte. « C'est lourd, c'est une **enclume** ? » demande-t-il en riant. Un peu d'humour, ouf !

Ils se dirigent tranquillement vers le Parc de la Tête d'Or, et se racontent leurs vies en marchant. Clara lui raconte tout : les visites d'appartement, le tennis, Céline qui a un coup de cœur sur le prof, Scruffles, le vétérinaire, ses cours. Julien semble content et il écoute attentivement. Oui, c'est vrai, tu es bien **occupée**. Toujours un peu de place dans ta vie pour le type qui

t'**aime** ? Bien sûr, Julien, je veux être avec toi. Ils sont **réconciliés** et tout semble comme avant.

Courir (verbe) : to run
Fleuriste (m/f) (nom commun) : florist
Pivoine (f) (nom commun) : peony
Panier (m) (nom commun) : basket
À toute allure (locution adverbiale) : at top speed
Rougir (verbe) : to blush
Enclume (f) (nom commun) : anvil
Occupé (adjectif) : busy
Aimer (verbe) : to love
Réconcilier (verbe) : to be back together, to make up

Un peu mieux qu'avant, même : Clara réalise avec **étonnement** qu'après une **dispute**, les **liens** semblent plus forts. Elle n'a jamais vécu ça avant. Elle se sent plus attachée et Julien a l'air aussi plus amoureux. Elle comprend que la peur de se perdre les a rapprochés l'un et l'autre. C'est comme s'ils réalisaient encore plus la **chance** qu'ils avaient d'être ensemble.

Le pique-nique au parc est une réussite. La bière n'est pas de **trop**, et quand ils ont fini de manger, ils se promènent au zoo du parc. Ils rient en regardant les **singes**, ils s'impressionnent des lions. Ils entrent dans un **bâtiment** qui **abrite** les serpents. Julien ne savait pas qu'il y avait autant d'espèces différentes dans ce petit zoo ! Les serpents sont très impressionnants. Clara, un peu **phobique**, a peur de s'approcher des **vitres**, même si elle sait qu'elles sont bien fermées. Le zoo est organisé en zones géographiques : Afrique, Asie et Amérique.

Étonnement (m) (nom commun) : astonishment, surprise
Dispute (f) (nom commun) : argument
Lien (m) (nom commun) : link
Chance (f) (nom commun) : luck
Trop (adverbe) : too much
Singe (m) (nom commun) : monkey
Bâtiment (m) (nom commun) : building
Abriter (verbe) : to shelter, to house
Phobique (adjectif) : phobic
Vitre (f) (nom commun) : pane, window pane

Après les serpents, les amoureux vont voir les **oiseaux**. Puis les girafes, magnifiques, dans un grand parc. Il y a des animaux que Clara ne connaissait pas : des watusi, des **chats des sables**, toutes sortes de singes. Elle est très impressionnée par la beauté des lions, ils rient en regardant les **ours** dormir comme des compères, et, finalement, ils passent une demi-heure à regarder les **loutres** jouer dans l'eau. Parmi les oiseaux, il y a quelques **canards** très rigolos. Mais les plus beaux sont les **flamants** roses, et les plus cocasses sont les pélicans, avec leurs énormes **becs**. Julien est particulièrement impressionné par les crocodiles et les zèbres.

Pour finir la journée, ils visitent les grandes serres du parc. Elles sont historiques, c'est un magnifique morceau de patrimoine. Très anciennes, elles contiennent de véritables **forêts** de plantes. L'espace d'un instant, on se croirait dans la jungle, avec des orchidées, des plantes grimpantes, une humidité ambiante presque **étouffante**. Dans la **serre** des cactus, c'est le désert d'un seul coup. Julien achète une jolie plante grasse pour l'offrir à sa mère.

Sur le chemin du retour, Clara propose de s'arrêter dans un restaurant du sixième arrondissement que Valentine lui a conseillé. Julien accepte. Elle veut l'inviter, mais au final, ils partagent la **note** d'un restaurant copieux, excellent mais un peu cher. Ils rentrent chez eux très heureux, et Clara se sent relaxée, heureuse et rassurée - mais surtout, très amoureuse.

Oiseau (m) (nom commun) : bird
Chat des sables (m) (nom commun) : sand cat
Ours (m) (nom commun) : bear
Loutre (f) (nom commun) : otter
Canard (m) (nom commun) : duck
Flamant (m) (nom commun) : flamingo
Bec (m) (nom commun) : beak
Forêt (f) (nom commun) : forest
Étouffant (adjectif) : stifling
Serre (f) (nom commun) : greenhouse
Note (f) (nom commun) : bill

Questions (Chapitre 3)

1. Pourquoi Clara appelle-t-elle le vétérinaire ?
a) Parce que Scruffles est malade
b) Pour les vaccins de Scruffles
c) Pour une visite de contrôle
d) Pour le stériliser

2. Qu'est-ce que Clara met dans les sandwichs ? (Plusieurs réponses possibles)
a) Des cornichons
b) Des légumes
c) Du beurre
d) Du jambon

3. De quelle couleur sont les pivoines ?
a) Rouge
b) Jaune
c) Rose
d) Violet

4. Quels animaux Clara et Julien voient-ils au zoo ? (Plusieurs réponses possibles)
a) Des chiens
b) Des éléphants
c) Des serpents
d) Des lions

5. Qu'est-ce que Julien achète à sa mère ?
a) Une orchidée
b) Un cactus
c) Une plante grasse
d) Un bouquet de fleurs

3. Les animaux au Parc de la Tête d'Or

Le début de la semaine se passe très bien. Dimanche, les filles se sont réveillées avec quelques courbatures du tennis de la veille – un petit rappel pour Céline, ravie de penser à son nouveau prof de tennis au saut du lit. La journée a été studieuse, et Clara a le sentiment qu'elle est plus ou moins à jour avec son travail pour la fac. Elle a aussi répondu à Julien, un gentil message : « Je suis triste de t'avoir fait de la peine. Je ne voulais pas te blesser. J'espère que tu vas passer un bon dimanche, ici c'est très calme, on révise avec Céline. J'espère te voir très vite, je te tiens au courant. Je t'aime. » Julien a simplement marqué d'un cœur la discussion. C'est bon signe.

Lundi et mardi sont studieux. Le mardi après-midi, Clara appelle le vétérinaire pour prendre rendez-vous : elle pense qu'il est temps de commencer les vaccins de sa petite boule de poil. Elle a hâte d'être libre de sortir Scruffles sans danger pour sa santé. Scruffles, lui, s'en fiche : il fait pipi sur des journaux et essaye de jouer avec le chat, et il écoute les commandes et apprend très vite. C'est un petit chien très facile, très joueur et très gentil. Un excellent compagnon !

Le mercredi arrive enfin et Clara peut penser à son plan de sauvegarde

de son couple. La veille au soir, elle va faire des courses pour acheter de quoi faire un pique-nique : du bon pain à la boulangerie du quartier, du saucisson, du jambon blanc, du fromage, des fruits et des légumes. Elle achète aussi un jus de fruit et deux bières, qu'elle place au frigo. Elle prépare des sandwiches avec des cornichons, du beurre, du jambon et du saucisson, elle coupe le fromage en petits morceaux, elle prépare une belle salade. À la fin, elle s'aperçoit qu'elle a préparé beaucoup trop de nourriture ! Mais c'est mieux que pas assez, se dit-elle.

Mercredi, à midi, elle court chez le fleuriste pour acheter un beau bouquet de pivoines, ses fleurs favorites. Elles sont d'un beau violet profond et elles sentent divinement bon. Puis elle prend un vélo, met le pique-nique et le bouquet dans le panier et pédale à toute allure pour arriver à temps à la fac de Julien. Elle pose le vélo et se précipite vers la sortie des cours.

Quand Julien sort enfin, il semble très étonné de la voir. Elle lui tend le bouquet de fleurs, en rougissant un peu. Julien sourit : c'est gagné ! Il prend le bouquet, puis la prend dans ses bras et la serre très fort contre lui. Clara est soulagée, et heureuse. Elle a envie de rester dans ses bras toute sa vie. Julien lui propose de porter son sac, et elle accepte. « C'est lourd, c'est une enclume ? » demande-t-il en

relationship. The evening before, she goes shopping for a picnic: good bread from the local bakery, sausage, white ham, cheese, fruit, and vegetables. She also buys a fruit juice and two beers, which she puts in the fridge. She makes sandwiches with pickles, butter, ham and sausage, cuts the cheese into small pieces and prepares a nice salad. In the end, she realizes that she has prepared far too much food! But it's better than not enough, she says to herself.

Wednesday, at noon, she runs to the florist to buy a beautiful bouquet of peonies, her favorite flowers. They're a beautiful deep purple and they smell divine. Then she grabs a bike, puts the picnic and the bouquet in the basket and pedals off at top speed to get to Julien's college on time. She puts the bike down and hurries to the exit for the class.

When Julien finally emerges, he seems very surprised to see her. She hands him the bouquet of flowers, blushing a little. Julien smiles: it's a winner! He takes the bouquet, then gives her a big hug. Clara is relieved and happy. She wants to stay in his arms for the rest of her life. Julien offers to carry her bag, and she accepts. "It's heavy, is it an anvil?" he asks, laughing. A little humor, whew!

riant. Un peu d'humour, ouf!

Ils se dirigent tranquillement vers le Parc de la Tête d'Or, et se racontent leurs vies en marchant. Clara lui raconte tout : les visites d'appartement, le tennis, Céline qui a un coup de cœur sur le prof, Scruffles, le vétérinaire, ses cours. Julien semble content et il écoute attentivement. Oui, c'est vrai, tu es bien occupée. Toujours un peu de place dans ta vie pour le type qui t'aime ? Bien sûr, Julien, je veux être avec toi. Ils sont réconciliés et tout semble comme avant.

Un peu mieux qu'avant, même : Clara réalise avec étonnement qu'après une dispute, les liens semblent plus forts. Elle n'a jamais vécu ça avant. Elle se sent plus attachée et Julien a l'air aussi plus amoureux. Elle comprend que la peur de se perdre les a rapprochés l'un et l'autre. C'est comme s'ils réalisaient encore plus la chance qu'ils avaient d'être ensemble.

Le pique-nique au parc est une réussite. La bière n'est pas de trop, et quand ils ont fini de manger, ils se promènent au zoo du parc. Ils rient en regardant les singes, ils s'impressionnent des lions. Ils entrent dans un bâtiment qui abrite les serpents. Julien ne savait pas qu'il y avait autant d'espèces différentes dans ce petit zoo ! Les serpents sont très impressionnants. Clara, un peu

They make their way peacefully toward the Parc de la Tête d'Or and talk about their lives as they walk. Clara tells him everything: apartment visits, tennis, Céline's crush on the teacher, Scruffles, the vet, her classes. Julien seems happy and listens attentively. Yes, it's true, you're very busy. Still a little room in your life for the guy who loves you? Of course, Julien, I want to be with you. They're reconciled and everything seems to be the same.

A little better than before, in fact; Clara realizes with astonishment that after an argument, the bonds seem stronger. She's never experienced this before. She feels more attached, and Julien also seems more in love. She understands that the fear of losing each other has brought them closer together. It's as if they realize even more how lucky they are to be together.

The picnic in the park is a success. The beer's not too much, and when they've finished eating, they take a stroll through the park's zoo. They laugh while looking at the monkeys and they are impressed by the lions. They enter a building that houses snakes. Julien had no idea there were so many different species in this little zoo! The snakes are very impressive. Clara, a little phobic, is afraid to go

phobique, a peur de s'approcher des vitres, même si elle sait qu'elles sont bien fermées. Le zoo est organisé en zones géographiques : Afrique, Asie et Amérique.

Après les serpents, les amoureux vont voir les oiseaux. Puis les girafes, magnifiques, dans un grand parc. Il y a des animaux que Clara ne connaissait pas : des watusi, des chats des sables, toutes sortes de singes. Elle est très impressionnée par la beauté des lions, ils rient en regardant les ours dormir comme des compères, et, finalement, ils passent une demi-heure à regarder les loutres jouer dans l'eau. Parmi les oiseaux, il y a quelques canards très rigolos. Mais les plus beaux sont les flamants roses, et les plus cocasses sont les pélicans, avec leurs énormes becs. Julien est particulièrement impressionné par les crocodiles et les zèbres.

Pour finir la journée, ils visitent les grandes serres du parc. Elles sont historiques, c'est un magnifique morceau de patrimoine. Très anciennes, elles contiennent de véritables forêts de plantes. L'espace d'un instant, on se croirait dans la jungle, avec des orchidées, des plantes grimpantes, une humidité ambiante presque étouffante. Dans la serre des cactus, c'est le désert d'un seul coup. Julien achète une jolie plante grasse pour l'offrir à sa mère.

Sur le chemin du retour, Clara

near the windows, even though she knows they're securely closed. The zoo is organized into geographical zones: Africa, Asia and America.

After the snakes, the lovers go see the birds. Then the magnificent giraffes in a large park. There are animals that Clara didn't know: watusi, sand cats, all kinds of monkeys. She is very impressed by the beauty of the lions, they laugh as they watch the bears sleeping like buddies, and, finally, they spend half an hour watching the otters playing in the water. Among the birds, there are some very funny ducks. But the most beautiful are the pink flamingos, and the funniest are the pelicans with their enormous beaks. Julien is particularly impressed by the crocodiles and the zebras.

To round off the day, they visit the park's large greenhouses. They are historic; it is a magnificent piece of heritage. Very old, they contain veritable forests of plants. For a moment, you feel like you're in the jungle, with orchids, climbing plants and almost suffocating humidity. In the cactus greenhouse, it's suddenly the desert. Julien buys a pretty succulent plant to give to his mother.

On the way home, Clara suggests

propose de s'arrêter dans un restaurant du sixième arrondissement que Valentine lui a conseillé. Julien accepte. Elle veut l'inviter, mais au final, ils partagent la note d'un restaurant copieux, excellent mais un peu cher. Ils rentrent chez eux très heureux, et Clara se sent relaxée, heureuse et rassurée - mais surtout, très amoureuse.	stopping at a restaurant in the Sixth Arrondissement that Valentine recommended to her. Julien accepts. She wants to pay, but at the end, they split the bill for a hearty, excellent, but a little expensive restaurant. They return home very happy, and Clara feels relaxed, happy, and reassured - but above all, very much in love.

Questions (Chapitre 3)

1. Pourquoi Clara appelle-t-elle le vétérinaire ?
a) Parce que Scruffles est malade
b) Pour les vaccins de Scruffles
c) Pour une visite de contrôle
d) Pour le stériliser

2. Qu'est-ce que Clara met dans les sandwichs ? (Plusieurs réponses possibles)
a) Des cornichons
b) Des légumes
c) Du beurre
d) Du jambon

3. De quelle couleur sont les pivoines ?
a) Rouge
b) Jaune
c) Rose
d) Violet

4. Quels animaux Clara et Julien voient-ils au zoo ? (Plusieurs réponses possibles)
a) Des chiens
b) Des éléphants
c) Des serpents
d) Des lions

5. Qu'est-ce que Julien achète à sa mère ?
a) Une orchidée
b) Un cactus
c) Une plante grasse
d) Un bouquet de fleurs

Questions (Chapter 3)

1. Why does Clara call the vet?
a) Because Scruffles is ill
b) For Scruffles' vaccinations
c) For a check-up
d) To neuter him

2. What does Clara put in the sandwiches? (Multiple answers possible)
a) Pickles
b) Vegetables
c) Butter
d) Ham

3. What color are the peonies?
a) Red
b) Yellow
c) Pink
d) Violet

4. What animals do Clara and Julien see at the zoo? (Multiple answers possible)
a) Dogs
b) Elephants
c) Snakes
d) Lions

5. What does Julien buy his mother?
a) An orchid
b) A cactus
c) A succulent plant
d) A bouquet of flowers

4. La fête de Pâques en famille

Le week-end suivant est un week-end de fête ! Bien sûr, il y a la fête de **Pâques**. Mais aussi, Céline a vraiment hâte de retourner au tennis. Elle est si impatiente qu'elle dort **à peine** la **nuit** qui précède. Mais le dimanche, il y a aussi Pâques. Mattéo se réjouit, car il adore le chocolat, et pour Pâques, on mange des tonnes de chocolat. Clara a hâte de découvrir les traditions françaises de Pâques.

Le samedi, le cours de tennis se passe à merveille. Les filles ratent dix balles sur neuf, le service de Céline est un désastre, mais elles rient tellement que ce n'est qu'un plaisir. Christophe se montre patient, **pédagogue** et drôle. Et, surtout, quand Céline manque un service, il se glisse derrière elle pour l'aider, prend sa main qui tient la raquette de tennis et lève son bras vers le ciel pour **frapper** la balle. Céline rougit à chaque fois. Hors de question qu'elle réussisse ses services ; elle aime beaucoup trop quand Christophe vient l'aider. Clara observe tout cela en souriant **intérieurement**. Bien sûr, elles ne savent pas si Christophe est **célibataire**, et encore moins s'il est intéressé par Céline. Mais c'est aussi ça qui rend les choses intéressantes et **palpitantes** !

À la fin du cours, c'est Céline qui prend son courage à deux mains pour

proposer à Christophe d'aller boire un verre, un de ces jours. Il semble surpris, mais il accepte, et, sans choisir de dates, ils **échangent** leurs numéros de téléphone et leurs réseaux sociaux. Céline **est aux anges**.

Pâques (m) (nom commun) : Easter
À peine (locution adverbiale) : hardly, barely
Nuit (f) (nom commun) : night
Pédagogue (adjectif) : good at explaining, instructive
Frapper (verbe) : to hit
Intérieurement (adverbe) : inside
Célibataire (adjectif) : single
Palpitant (adjectif) : thrilling
Échanger (verbe) : to exchange
Être aux anges (locution verbale) : to be beside yourself with joy, to be thrilled

Le samedi soir, les parents de Céline s'affairent dans la cuisine. Il faut préparer un bon repas pour la fête de Pâques. C'est la saison des **asperges**, elles sont dans le frigo, mais elles doivent être préparées le jour même. En plat principal, ils ont prévu de l'**agneau confit** aux fruits secs, une **recette** de la mère de Patrick. L'agneau doit cuire très longtemps sur feu doux, et ça sent vraiment bon dans tout l'appartement. Florence prépare aussi un **gâteau**, le gâteau préféré de Mattéo : à la crème de **marron** et au chocolat noir. Ça a l'air **succulent**, mais un peu lourd. Clara observe les manipulations. « Tu mets tout ça de **beurre** ? » demande-t-elle, effarée. Florence rit et dit, « tu verras, c'est très riche mais excellent. On ajoute de la crème fouettée sur le dessus. Pas vraiment pour le rendre plus léger ! »

Le lendemain matin, les filles se lèvent et s'habillent un peu chic pour l'occasion. Mattéo semble tout excité : il sait qu'il y a du chocolat **caché** dans la maison. Au petit déjeuner, il ne peut pas s'empêcher de regarder partout autour de lui. En effet, c'est une tradition française de cacher du chocolat dans les jardins ou dans les maisons pour Pâques. Des **œufs** en chocolat ou des poules en chocolat, ou encore des **cloches** en chocolat.

Asperge (f) (nom commun) : asparagus
Agneau (m) (nom commun) : lamb
Confit (m) (nom commun) : preserve, confit
Recette (f) (nom commun) : recipe
Gâteau (m) (nom commun) : cake

Marron (m) (nom commun) : chestnut
Succulent (adjectif) : delicious
Beurre (m) (nom commun) : butter
Caché (adjectif) : hidden
Œuf (m) (nom commun) : egg
Cloche (f) (nom commun) : bell

« Mais **pourquoi** des cloches ? demande Clara, surprise.

- On dit que les cloches **reviennent** de Rome et apportent du chocolat avec elles, explique Florence.

- Reviennent de Rome ? interroge Clara.

- Ah, oui. C'est une histoire religieuse expliquée aux enfants. Beaucoup de gens ne savent pas pourquoi, mais je peux t'expliquer. Pâques est la résurrection de Jésus, **n'est-ce pas ?** Eh bien, le Vendredi Saint est le jour de la **mort** du Christ. Pendant ces trois jours avant la résurrection, les **églises** ne sonnent pas les cloches, en signe de **deuil**. Autrefois, on expliquait aux enfants que les cloches étaient « parties » à Rome pour être **bénies** par le Pape. Elles reviennent le dimanche ! Et apportent des chocolats aux enfants. Les chocolats sont cachés dans le jardin, distribués dans la nuit par les cloches elles-mêmes. Voilà ! »

Clara remercie Florence pour l'explication très intéressante de la tradition. Puis elle regarde autour d'elle : où sont donc cachés les chocolats ? « Haha, **gourmande** ! » s'exclame Patrick. Et Mattéo, Céline et Clara se mettent à la recherche des chocolats dans la maison. Évidemment, Mattéo est bien meilleur qu'elles et en trouve beaucoup plus ! Mais ce n'est pas un vrai problème, car tous les chocolats sont **placés** dans le même panier et partagés entre les **membres** de la famille. Pas de jaloux !

Pourquoi (adverbe) : why
Revenir (verbe) : to come back
N'est-ce pas ? (adverbe) : isn't it?
Mort (f) (nom commun) : death
Église (f) (nom commun) : church
Deuil (m) (nom commun) : mourning
Béni (adjectif) : blessed
Gourmand (adjectif) : big eater, food lover

Placé (adjectif) : located, placed
Membre (m) (nom commun) : member

Quand la **chasse** aux chocolats est terminée, toute la famille se prépare pour le déjeuner de Pâques. La table est mise, et le repas est servi. Comme toujours, Clara **se régale**, et elle demande les recettes. Elle a commencé à introduire des recettes de cuisine sur son blog, car elle adore la cuisine française. C'est aussi une manière de **garder** les recettes pour elle, pour plus tard.

Et l'après-midi se passe, très calme, dans l'appartement. Scruffles joue, les filles discutent et boivent du thé, Mattéo joue sur son **ordinateur**, les parents rangent la cuisine et parlent d'avenir. Céline et Clara ont une conversation **passionnée au sujet de** leurs **garçons** : Céline ne **cesse** de penser à son beau tennisman et Clara s'inquiète de sa relation avec Julien. Elle a le sentiment que tout s'est bien passé au parc et elle espère que cela va tout arranger, mais elle **sent** qu'elle doit **marcher sur des œufs** pour discuter avec Julien depuis qu'elle a oublié ce déjeuner. Elle essaye d'apprendre à **lâcher prise**, à **vivre au jour le jour**, à prendre les inquiétudes et les problèmes les uns après les autres. Les conversations avec son amie l'aident beaucoup dans ce sens, et elle découvre l'importance de l'amitié – dans les bons et dans les mauvais moments, les amis sont toujours là !

Chasse (f) (nom commun) : hunt
Se régaler (verbe pronominal) : to enjoy (the food)
Garder (verbe) : to keep
Ordinateur (m) (nom commun) : computer
Passionné (adjectif) : passionate
Au sujet de (locution prépositionnelle) : about, regarding
Garçon (m) (nom commun) : boy
Cesser (verbe) : to stop
Sentir (verbe) : to feel
Marcher sur des œufs (locution verbale) : to walk on eggshells
Lâcher prise (locution verbale) : to give in
Vivre au jour le jour (locution verbale) : live from day to day

Questions (Chapitre 4)

1. Quelle fête célèbre-t-on le week-end suivant ?
a) Noël
b) Pâques
c) La Toussaint
d) La Chandeleur

2. Est-ce que Christophe est intéressé par Céline ? (Plusieurs réponses possibles)
a) Céline ne le sait pas
b) Non, il est marié
c) Oui, car il est célibataire
d) Ils ont échangé leurs numéros

3. Quel plat principal ont-ils prévu de cuisiner pour Pâques ?
a) De l'agneau
b) Des asperges
c) De la crème de marron
d) Un gâteau

4. Que cachent-ils dans la maison pour Pâques ? (Plusieurs réponses possibles)
a) Des fruits confits
b) Des œufs en chocolat
c) Des poules en chocolat
d) Des cloches en chocolat

5. Qu'est-ce que le Vendredi Saint ?
a) Pâques
b) Le jour de la mort du Christ
c) La résurrection de Jésus
d) Le jour de la naissance de Jésus

4. La fête de Pâques en famille

Le week-end suivant est un week-end de fête ! Bien sûr, il y a la fête de Pâques. Mais aussi, Céline a vraiment hâte de retourner au tennis. Elle est si impatiente qu'elle dort à peine la nuit qui précède. Mais le dimanche, il y a aussi Pâques. Mattéo se réjouit, car il adore le chocolat, et pour Pâques, on mange des tonnes de chocolat. Clara a hâte de découvrir les traditions françaises de Pâques.

Le samedi, le cours de tennis se passe à merveille. Les filles ratent dix balles sur neuf, le service de Céline est un désastre, mais elles rient tellement que ce n'est qu'un plaisir. Christophe se montre patient, pédagogue et drôle. Et, surtout, quand Céline manque un service, il se glisse derrière elle pour l'aider, prend sa main qui tient la raquette de tennis et lève son bras vers le ciel pour frapper la balle. Céline rougit à chaque fois. Hors de question qu'elle réussisse ses services ; elle aime beaucoup trop quand Christophe vient l'aider. Clara observe tout cela en souriant intérieurement. Bien sûr, elles ne savent pas si Christophe est célibataire, et encore moins s'il est intéressé par Céline. Mais c'est aussi ça qui rend les choses intéressantes et palpitantes !

À la fin du cours, c'est Céline qui prend son courage à deux mains pour proposer à Christophe d'aller

4. Easter with the family

The following weekend is a weekend of celebration! Of course, there's Easter. But also, Céline can't wait to get back to tennis. She's so impatient that she barely sleeps the night before. But Sunday is also Easter. Mattéo is really looking forward to it because he loves chocolate, and for Easter we eat tons of it. Clara can't wait to find out about French Easter traditions.

On Saturday, the tennis lesson goes wonderfully. The girls miss ten out of nine balls, Céline's serve is a disaster, but they laugh so much it's a pleasure. Christophe is patient, instructive and funny. And, above all, when Céline misses a serve, he slips behind her to help her, takes her hand holding the tennis racket and raises her arm to the sky to hit the ball. Céline blushes every time. It's out of the question that she will succeed with her serves; she likes it too much when Christophe comes to help her. Clara watches all this with an inward smile. Of course, they don't know if Christophe is single, let alone if he's interested in Céline. But that's also what makes things interesting and exciting!

At the end of the class, it's Céline who plucks up the courage to ask Christophe out for a drink sometime.

boire un verre, un de ces jours. Il semble surpris, mais il accepte, et, sans choisir de dates, ils échangent leurs numéros de téléphone et leurs réseaux sociaux. Céline est aux anges.	He seems surprised, but accepts, and, without choosing dates, they exchange phone numbers and social networks. Céline is in heaven.
Le samedi soir, les parents de Céline s'affairent dans la cuisine. Il faut préparer un bon repas pour la fête de Pâques. C'est la saison des asperges, elles sont dans le frigo, mais elles doivent être préparées le jour même. En plat principal, ils ont prévu de l'agneau confit aux fruits secs, une recette de la mère de Patrick. L'agneau doit cuire très longtemps sur feu doux, et ça sent vraiment bon dans tout l'appartement. Florence prépare aussi un gâteau, le gâteau préféré de Mattéo : à la crème de marron et au chocolat noir. Ça a l'air succulent, mais un peu lourd. Clara observe les manipulations. « Tu mets tout ça de beurre ? » demande-t-elle, effarée. Florence rit et dit, « tu verras, c'est très riche mais excellent. On ajoute de la crème fouettée sur le dessus. Pas vraiment pour le rendre plus léger ! »	On Saturday evening, Céline's parents are busy in the kitchen. They need to prepare a good meal for Easter. It's asparagus season, they are in the fridge, but it has to be prepared the same day. For the main course, they've planned lamb confit with dried fruit, a recipe from Patrick's mother. The lamb has to cook for a very long time over a low heat, and it smells really good throughout the apartment. Florence is also preparing a cake, Mattéo's favorite: with chestnut cream and dark chocolate. It looks delicious, but a little heavy. Clara observes the manipulations. "Do you put all that butter on it?" she asks, aghast. Florence laughs and says, "You'll see, it's very rich but excellent. Whipped cream is added on top. Not really to make it lighter!"
Le lendemain matin, les filles se lèvent et s'habillent un peu chic pour l'occasion. Mattéo semble tout excité : il sait qu'il y a du chocolat caché dans la maison. Au petit déjeuner, il ne peut pas s'empêcher de regarder partout autour de lui. En effet, c'est une tradition française de cacher du chocolat dans les jardins ou dans les maisons pour Pâques. Des œufs en chocolat ou des poules en chocolat,	The next morning, the girls get up and dress a little fancy for the occasion. Mattéo seems excited: he knows there's chocolate hidden in the house. At breakfast, he can't help looking around. Indeed, it's a French tradition to hide chocolate in gardens or houses at Easter. Chocolate eggs or chocolate chickens, or even chocolate bells.

ou encore des cloches en chocolat.

« Mais pourquoi des cloches ? demande Clara, surprise.

- On dit que les cloches reviennent de Rome et apportent du chocolat avec elles, explique Florence.

- Reviennent de Rome ? interroge Clara.

- Ah, oui. C'est une histoire religieuse expliquée aux enfants. Beaucoup de gens ne savent pas pourquoi, mais je peux t'expliquer. Pâques est la résurrection de Jésus, n'est-ce pas ? Eh bien, le Vendredi Saint est le jour de la mort du Christ. Pendant ces trois jours avant la résurrection, les églises ne sonnent pas les cloches, en signe de deuil. Autrefois, on expliquait aux enfants que les cloches étaient « parties » à Rome pour être bénies par le Pape. Elles reviennent le dimanche ! Et apportent des chocolats aux enfants. Les chocolats sont cachés dans le jardin, distribués dans la nuit par les cloches elles-mêmes. Voilà ! »

Clara remercie Florence pour l'explication très intéressante de la tradition. Puis elle regarde autour d'elle : où sont donc cachés les chocolats ? « Haha, gourmande ! » s'exclame Patrick. Et Mattéo, Céline et Clara se mettent à la recherche des chocolats dans la maison. Évidemment, Mattéo est

"But why bells? asks Clara, surprised.

- It's said that the bells return from Rome and bring chocolate with them, explains Florence.

- Returning from Rome? asks Clara.

- Ah, yes. It's a religious story explained to children. A lot of people don't know why, but I can explain to you. Easter is the resurrection of Jesus, isn't it? Well, Good Friday is the day Christ died. For those three days before the resurrection, churches don't ring their bells, as a sign of mourning. In the past, we explained children that the bells had "gone" to Rome to be blessed by the Pope. They come back on Sunday! And bring chocolates for the children. The chocolates are hidden in the garden, distributed during the night by the bells themselves. Voilà!"

Clara thanks Florence for her very interesting explanation of the tradition. Then she looks around: where are the chocolates hidden? "Haha, greedy!" exclaims Patrick. And Mattéo, Céline, and Clara set off in search of the chocolates in the house. Of course, Mattéo is much better than them and finds many

bien meilleur qu'elles et en trouve beaucoup plus ! Mais ce n'est pas un vrai problème, car tous les chocolats sont placés dans le même panier et partagés entre les membres de la famille. Pas de jaloux !

Quand la chasse aux chocolats est terminée, toute la famille se prépare pour le déjeuner de Pâques. La table est mise, et le repas est servi. Comme toujours, Clara se régale, et elle demande les recettes. Elle a commencé à introduire des recettes de cuisine sur son blog, car elle adore la cuisine française. C'est aussi une manière de garder les recettes pour elle, pour plus tard.

Et l'après-midi se passe, très calme, dans l'appartement. Scruffles joue, les filles discutent et boivent du thé, Mattéo joue sur son ordinateur, les parents rangent la cuisine et parlent d'avenir. Céline et Clara ont une conversation passionnée au sujet de leurs garçons : Céline ne cesse de penser à son beau tennisman et Clara s'inquiète de sa relation avec Julien. Elle a le sentiment que tout s'est bien passé au parc et elle espère que cela va tout arranger, mais elle sent qu'elle doit marcher sur des œufs pour discuter avec Julien depuis qu'elle a oublié ce déjeuner. Elle essaye d'apprendre à lâcher prise, à vivre au jour le jour, à prendre les inquiétudes et les problèmes les uns après les autres. Les conversations avec son amie l'aident beaucoup dans

more! But that's no real problem, because all the chocolates are placed in the same basket and shared between the family members. No jealousy!

When the chocolate hunt is over, the whole family gets ready for Easter lunch. The table is set, and the meal is served. As always, Clara is delighted, and asks for the recipes. She's started posting cooking recipes on her blog because she loves French cuisine. It's also a way of keeping the recipes for herself, for later.

And the afternoon passes, very quietly, in the apartment. Scruffles plays, the girls chat and drink tea, Mattéo plays on his computer, the parents tidy up the kitchen and talk about the future. Céline and Clara have a passionate conversation about their boys: Céline keeps thinking about her handsome tennis player, and Clara worries about her relationship with Julien. She feels that everything went well at the park, and she hopes that it will all work out, but she feels that she has to walk on eggshells to talk to Julien since she forgot about that lunch. She's trying to learn to let go, to live one day at a time, to take worries and problems one at a time. Conversations with her friend help her a lot in this respect, and she discovers the importance of

ce sens, et elle découvre l'importance de l'amitié – dans les bons et dans les mauvais moments, les amis sont toujours là !

friendship - in good times and bad, friends are always there!

Questions (Chapitre 4)

1. Quelle fête célèbre-t-on le week-end suivant ?
a) Noël
b) Pâques
c) La Toussaint
d) La Chandeleur

2. Est-ce que Christophe est intéressé par Céline ? (Plusieurs réponses possibles)
a) Céline ne le sait pas
b) Non, il est marié
c) Oui, car il est célibataire
d) Ils ont échangé leurs numéros

3. Quel plat principal ont-ils prévu de cuisiner pour Pâques ?
a) De l'agneau
b) Des asperges
c) De la crème de marron
d) Un gâteau

4. Que cachent-ils dans la maison pour Pâques ? (Plusieurs réponses possibles)
a) Des fruits confits
b) Des œufs en chocolat
c) Des poules en chocolat
d) Des cloches en chocolat

5. Qu'est-ce que le Vendredi Saint ?
a) Pâques
b) Le jour de la mort du Christ
c) La résurrection de Jésus
d) Le jour de la naissance de Jésus

Questions (Chapter 4)

1. Which holiday is being celebrated the following weekend?
a) Christmas
b) Easter
c) All Saints' Day
d) Candlemas

2. Is Christophe interested in Céline? (Several answers possible)
a) Céline doesn't know
b) No, he's married
c) Yes, because he's single
d) They've exchanged numbers

3. What main course are they planning to cook for Easter?
a) Lamb
b) Asparagus
c) Chestnut cream
d) Cake

4. What are they hiding in the house for Easter? (Several answers possible)
a) Candied fruit
b) Chocolate eggs
c) Chocolate chickens
d) Chocolate bells

5. What is Good Friday?
a) Easter
b) The day of Christ's death
c) The resurrection of Jesus
d) The day of Jesus' birth

5. Christophe et Céline

Le début de semaine **paraît** très long à Céline. Elle ne cesse de parler de son professeur de tennis, après seulement deux semaines de cours. Cela fait beaucoup rire Clara et Valentine, qui se moquent gentiment d'elle. C'est vrai qu'elle est un peu **concentrée** sur lui. C'est excessif, mais elle ne peut pas le contrôler ! **Dès** le mardi, Céline ne tient plus et elle lui envoie un message. Juste pour demander des **nouvelles**, comme ça. Elle lui demande aussi, s'il a quelques disponibilités, quand il serait disponible pour boire un verre avec elle.

Mais Christophe reçoit le message et ne répond pas dans la soirée. Céline se sent stupide et a envie d'**effacer** le message. Trop tard ! Elle ne dort pas de la nuit. Elle relit et relit son message. Elle espère qu'elle n'a pas été trop vite, que Christophe n'a pas interprété **de travers**. Ou bien, peut-être qu'il ne veut tout simplement pas les voir en dehors des cours. Peut-être qu'il était juste **poli**. Elle se dit en plus que, beau et sympa comme il est, elle ne doit pas être sa seule **admiratrice** !

Dans la nuit, Céline se lève et va caresser Scruffles dans la cuisine pour se relaxer. Après quelques minutes, Patrick se lève pour prendre un **verre** d'eau et il trouve sa fille toute pensive **auprès** du petit chiot.

Paraître (verbe) : to seem
Concentré (adjectif) : focused
Dès (préposition) : from
Nouvelle (f) (nom commun) : news
Effacer (verbe) : to erase
De travers (locution adverbiale) : wrongly, incorrectly (in this context)
Poli (adjectif) : polite
Admirateur (m) (nom commun) : fan, admirer
Verre (m) (nom commun) : glass
Auprès (préposition) : near, close to

« Eh, ma chérie, tout va bien ? Tu ne dors pas ? demande-t-il.

- Je n'arrive pas à dormir, mais ça va, ça va ! répond Céline.

- Je vois bien que tu as l'air inquiète… Qu'est-ce qui t'arrive ? C'est la **fac** ? Un garçon ?

- Oh, c'est rien papa. Pas la fac, oui, un garçon peut-être. Mais c'est stupide, rien de bien sérieux. Ne t'en fais pas ! dit-elle d'un air un peu triste.

- Ma belle, peut-être que tu ne veux pas m'en parler, mais je veux que tu saches que je suis là pour toi si tu as besoin, dit Patrick, **bienveillant**.

- Je ne sais pas, dit Céline. Je crois que je suis juste inquiète parce que je n'ai pas de petit copain et que je ne suis pas capable.

- Pas capable ? Voyons, tu es belle, intelligente, **gentille, drôle**… ça fait beaucoup pour une seule jeune femme ! Tu es jeune et tu as toute la vie devant toi ! dit son père pour la rassurer.

- Tu dis ça parce que tu es mon père. Mais merci, c'est gentil ! J'ai juste écrit **hier** soir à ce garçon et il ne m'a pas répondu, explique Céline. Je pense que je ne l'intéresse pas.

- Tu as écrit hier soir et il n'a pas répondu, et tu t'inquiètes ? Mais ma chérie, tu ne sais pas ! Peut-être qu'il était en famille, peut-être qu'il avait du travail, peut-être qu'il est **timide** ! Il peut y avoir mille et une raisons pour quelqu'un de ne pas répondre immédiatement ! Laisse-lui un peu de temps, répond Patrick, calmement. »

Céline sourit : son père a raison, elle a probablement trop interprété cette **absence** de réponse immédiate. Elle verra demain ! Elle retourne se coucher, un peu **soulagée**, et parvient finalement à s'endormir.

Fac (f) (nom commun) : university
Bienveillant (adjectif) : kindly
Gentil (adjectif) : kind
Drôle (adjectif) : funny
Hier (adverbe) : yesterday
Timide (adjectif) : shy
Absence (f) (nom commun) : non-attendance, lack, absence
Soulagé (adjectif) : relieved

Quand le réveil sonne, elle est fatiguée, car elle n'a pas assez dormi. Elle regarde son téléphone et retrouve le sourire : elle a reçu un message de Christophe. Toute contente, elle va se laver les **dents** et le **visage** avant d'**ouvrir** le message. Elle se sert un café, reprend son téléphone et lis le message : « Salut Céline ! Merci pour ton message ! Tout va bien, pas mal de boulot, beaucoup de leçons, mais j'aime mon travail alors c'est bon. Et toi, la fac, comment ça va ? Cette semaine c'est un peu compliqué pour un verre, je suis juste disponible le vendredi soir, tu as **quelque chose** de prévu ? » C'est tout simple mais ça la met en joie pour la journée. La semaine, même ! Patrick, qui lit le journal à côté d'elle, la regarde en souriant. « Alors, il a répondu ? Je te l'avais dit ! » Céline est ravie. Elle part à la fac en **chantonnant** gaiement.

Ce n'est qu'un peu plus tard qu'elle prend le temps de répondre à Christophe : « Vendredi, rien de prévu ! On se voit où ? Tu connais la Migraine ? Bon courage pour le travail ! Je suis à la fac, tout va bien. Super semaine. » Elle se sent d'**humeur** très positive. Christophe et elle commencent une conversation par messages. Bientôt, elle est comme Clara **à ses débuts** avec Julien : constamment sur son téléphone, souriante. Ils ont convenu d'un rendez-vous avec Clara à la Migraine vendredi soir. Clara ne veut pas être de trop, mais Céline préfère qu'elle soit là, car elle se sent très timide.

La fin de la semaine à la fac se passe admirablement : Clara retrouve Julien plusieurs fois et ils s'adorent à nouveau. Céline et elles passent beaucoup de temps à chercher encore un appartement, car elles n'ont pas encore de nouvelles pour les appartements qu'elles ont **sélectionnés**. Valentine pense que c'est bon signe : elles auraient eu une réponse négative **rapidement** si elles n'étaient pas reçues. Peut-être qu'elles devraient appeler les propriétaires,

pour **relancer** ? C'est ce que Clara fait le jeudi soir, après la fac. Le propriétaire ne répond pas, alors elle laisse un message sur son **répondeur**. Il lui envoie ensuite un texto pour lui dire qu'il est en voyage d'affaires : il promet de la rappeler dès le lendemain.

Dent (f) (nom commun) : tooth
Visage (m) (nom commun) : face
Ouvrir (verbe) : to open
Quelque chose (pronom) : something
Chantonner (verbe) : to hum
Humeur (f) (nom commun) : mood
À ses débuts (locution adverbiale) : at the beginning of, at the early days
Sélectionner (verbe) : to choose
Rapidement (adverbe) : fast
Relancer (verbe) : to ask again (in this context)
Répondeur (m) (nom commun) : answering machine

Questions (Chapitre 5)

1. Pourquoi Céline se sent anxieuse et ne peut pas dormir ?
a) Parce qu'elle a écrit à Christophe et il ne lui a pas répondu
b) Parce qu'elle a beaucoup de révisions pour les examens finaux
c) Parce qu'elle ne trouve pas d'appartement
d) Parce que Scruffles est malade

2. Avec qui Céline parle-t-elle de son problème dans la cuisine ? (Plusieurs réponses possibles)
a) Avec Clara
b) Avec Florence
c) Avec Patrick
d) Avec son père

3. Pour quelle raison Céline part-elle à la fac de bonne humeur ? (Plusieurs réponses possibles)
a) Parce qu'elle a reçu un message de Christophe ce matin
b) Parce qu'elle va retrouver ses amis à la fac
c) Parce que Christophe lui a proposé un rendez-vous cette semaine
d) Parce que ses amis l'ont invité vendredi soir

4. Où Céline et Christophe se donnent-ils rendez-vous vendredi soir ?
a) À la fac
b) Au parc
c) Chez Clara
d) À la Migraine

5. Qui Céline choisi t-elle d'inviter à son rendez-vous avec Christophe vendredi soir ?
a) Florence
b) Valentine
c) Clara
d) Clara et Julien

5. Christophe et Céline

Le début de semaine paraît très long à Céline. Elle ne cesse de parler de son professeur de tennis, après seulement deux semaines de cours. Cela fait beaucoup rire Clara et Valentine, qui se moquent gentiment d'elle. C'est vrai qu'elle est un peu concentrée sur lui. C'est excessif, mais elle ne peut pas le contrôler ! Dès le mardi, Céline ne tient plus et elle lui envoie un message. Juste pour demander des nouvelles, comme ça. Elle lui demande aussi, s'il a quelques disponibilités, quand il serait disponible pour boire un verre avec elle.

Mais Christophe reçoit le message et ne répond pas dans la soirée. Céline se sent stupide et a envie d'effacer le message. Trop tard ! Elle ne dort pas de la nuit. Elle relit et relit son message. Elle espère qu'elle n'a pas été trop vite, que Christophe n'a pas interprété de travers. Ou bien, peut-être qu'il ne veut tout simplement pas les voir en dehors des cours. Peut-être qu'il était juste poli. Elle se dit en plus que, beau et sympa comme il est, elle ne doit pas être sa seule admiratrice !

Dans la nuit, Céline se lève et va caresser Scruffles dans la cuisine pour se relaxer. Après quelques minutes, Patrick se lève pour prendre un verre d'eau et il trouve sa fille toute pensive auprès du petit chiot.

5. Christophe and Céline

The beginning of the week seems very long to Céline. She can't stop talking about her tennis teacher, after only two weeks of lessons. This makes Clara and Valentine laugh a lot, who gently make fun of her. It's true that she's a bit focused on him. It's excessive, but she can't control it! By Tuesday, Céline can't take it anymore and sends him a message. Just to ask about him, like that. She also asks him if he has any spare time, when he might be available for a drink with her.

But Christophe gets the message and doesn't reply that evening. Céline feels stupid and wants to delete the message. But it's too late! She doesn't sleep all night. She rereads and rereads her message. She hopes she wasn't too hasty, that Christophe hasn't misinterpreted. Or maybe he just doesn't want to see them outside class. Maybe he was just being polite. She also thinks that, handsome and nice as he is, she must not be his only admirer!

In the night, Céline gets up and goes to pet Scruffles in the kitchen to relax. After a few minutes, Patrick gets up to get a glass of water and finds his daughter pensive beside the little puppy.

« Eh, ma chérie, tout va bien ? Tu ne dors pas ? demande-t-il.	"Hey, sweetie, everything okay? You're not asleep? he asks.
- Je n'arrive pas à dormir, mais ça va, ça va ! répond Céline.	- I can't sleep, but I'm fine, I'm fine! replies Céline.
- Je vois bien que tu as l'air inquiète... Qu'est-ce qui t'arrive ? C'est la fac ? Un garçon ?	- I can see you're worried... What's the matter? Is it college? Is it a boy?
- Oh, c'est rien papa. Pas la fac, oui, un garçon peut-être. Mais c'est stupide, rien de bien sérieux. Ne t'en fais pas ! dit-elle d'un air un peu triste.	- Oh, it's nothing, Dad. Not college, yes, a boy maybe. But it's stupid, nothing serious. Don't worry! she says, looking a little sad.
- Ma belle, peut-être que tu ne veux pas m'en parler, mais je veux que tu saches que je suis là pour toi si tu as besoin, dit Patrick, bienveillant.	- Sweetie, maybe you don't want to talk to me about it, but I want you to know that I'm here for you if you need me, says Patrick, sympathetically.
- Je ne sais pas, dit Céline. Je crois que je suis juste inquiète parce que je n'ai pas de petit copain et que je ne suis pas capable.	- I don't know, says Céline. I think I'm just worried because I don't have a boyfriend and I'm not capable.
- Pas capable ? Voyons, tu es belle, intelligente, gentille, drôle... ça fait beaucoup pour une seule jeune femme ! Tu es jeune et tu as toute la vie devant toi ! dit son père pour la rassurer.	- Not capable? Come on, you're beautiful, intelligent, kind, funny... that's a lot for one young woman! You're young, and you've got your whole life ahead of you! says her father to reassure her.
- Tu dis ça parce que tu es mon père. Mais merci, c'est gentil ! J'ai juste écrit hier soir à ce garçon et il ne m'a pas répondu, explique Céline. Je pense que je ne l'intéresse pas.	- You say that because you're my father. But thanks, that's sweet! I just wrote to this boy last night, and he didn't respond to me, explains Céline. I don't think he's interested in me.
- Tu as écrit hier soir et il n'a pas	- You wrote last night, and he didn't

répondu, et tu t'inquiètes ? Mais ma chérie, tu ne sais pas ! Peut-être qu'il était en famille, peut-être qu'il avait du travail, peut-être qu'il est timide ! Il peut y avoir mille et une raisons pour quelqu'un de ne pas répondre immédiatement ! Laisse-lui un peu de temps, » répond Patrick, calmement.

Céline sourit : son père a raison, elle a probablement trop interprété cette absence de réponse immédiate. Elle verra demain ! Elle retourne se coucher, un peu soulagée, et parvient finalement à s'endormir.

Quand le réveil sonne, elle est fatiguée, car elle n'a pas assez dormi. Elle regarde son téléphone et retrouve le sourire : elle a reçu un message de Christophe. Toute contente, elle va se laver les dents et le visage avant d'ouvrir le message. Elle se sert un café, reprend son téléphone et lis le message : « Salut Céline ! Merci pour ton message ! Tout va bien, pas mal de boulot, beaucoup de leçons, mais j'aime mon travail alors c'est bon. Et toi, la fac, comment ça va ? Cette semaine c'est un peu compliqué pour un verre, je suis juste disponible le vendredi soir, tu as quelque chose de prévu ? » C'est tout simple mais ça la met en joie pour la journée. La semaine, même ! Patrick, qui lit le journal à côté d'elle, la regarde en souriant. « Alors, il a répondu ? Je te l'avais dit ! » Céline est ravie. Elle part à la fac en chantonnant gaiement.

resply, and you're worried? But darling, you don't know! Maybe he was with his family, maybe he had work to do, maybe he's shy! There can be a thousand and one reasons why someone doesn't answer right away! Give him a little time," replies Patrick, calmly.

Céline smiles: her father's right, she's probably misinterpreted this lack of immediate response. She'll see tomorrow! She goes back to bed, a little relieved, and finally manages to fall asleep.

When the alarm goes off, she's tired because she hasn't had enough sleep. She looks at her phone and smiles again: she's received a message from Christophe. Delighted, she cleans her teeth and face before opening the message. She pours herself a cup of coffee, picks up her phone, again and reads the message: "Hi Céline! Thanks for your message! Everything's fine, lots of work, lots of lessons, but I love my job so it's good. And you, how is college going? This week it's a bit complicated for a drink, I'm only available on Friday evenings, do you have any plans?" It's simple, but it makes her happy for the day. All week, even! Patrick, who's reading the paper next to her, looks at her smiling. "So, he answered? I told you." Céline is delighted. She leaves for college singing happily.

Ce n'est qu'un peu plus tard qu'elle prend le temps de répondre à Christophe : « Vendredi, rien de prévu ! On se voit où ? Tu connais la Migraine ? Bon courage pour le travail ! Je suis à la fac, tout va bien. Super semaine. » Elle se sent d'humeur très positive. Christophe et elle commencent une conversation par messages. Bientôt, elle est comme Clara à ses débuts avec Julien : constamment sur son téléphone, souriante. Ils ont convenu d'un rendez-vous avec Clara à la Migraine vendredi soir. Clara ne veut pas être de trop, mais Céline préfère qu'elle soit là, car elle se sent très timide.

La fin de la semaine à la fac se passe admirablement : Clara retrouve Julien plusieurs fois et ils s'adorent à nouveau. Céline et elles passent beaucoup de temps à chercher encore un appartement, car elles n'ont pas encore de nouvelles pour les appartements qu'elles ont sélectionnés. Valentine pense que c'est bon signe : elles auraient eu une réponse négative rapidement si elles n'étaient pas reçues. Peut-être qu'elles devraient appeler les propriétaires, pour relancer ? C'est ce que Clara fait le jeudi soir, après la fac. Le propriétaire ne répond pas, alors elle laisse un message sur son répondeur. Il lui envoie ensuite un texto pour lui dire qu'il est en voyage d'affaires : il promet de la rappeler dès le lendemain.

It's only a little later that she takes the time to answer Christophe; "Friday, nothing planned! Where should we meet? Do you know the Migraine? Good luck with work! I'm at college, everything's fine. Have a great week." She's in a very positive mood. She and Christophe start a conversation via messages. Soon, she's like Clara in her early days with Julien; constantly on her phone, smiling. They agree to meet Clara at La Migraine on Friday evening. Clara doesn't want to be in the way, but Céline prefers her to be there because she feels very shy.

The end of the week at college goes wonderfully; Clara meets Julien several times, and they adore each other again. Céline and they spend a lot of time looking for an apartment, because they still haven't heard from the ones they've selected. Valentine thinks this is a good sign: they would have had a negative answer quickly if they weren't accepted. Maybe they should call the owners and ask them again? That's what Clara does on Thursday evening, after college. The owner doesn't answer, so she leaves a message on his answering machine. He then sends her a text to say that he's away on a business trip; he promises to call her back the next day.

Questions (Chapitre 5)

1. Pourquoi Céline se sent anxieuse et ne peut pas dormir ?
a) Parce qu'elle a écrit à Christophe et il ne lui a pas répondu
b) Parce qu'elle a beaucoup de révisions pour les examens finaux
c) Parce qu'elle ne trouve pas d'appartement
d) Parce que Scruffles est malade

2. Avec qui Céline parle-t-elle de son problème dans la cuisine ? (Plusieurs réponses possibles)
a) Avec Clara
b) Avec Florence
c) Avec Patrick
d) Avec son père

3. Pour quelle raison Céline part-elle à la fac de bonne humeur ? (Plusieurs réponses possibles)
a) Parce qu'elle a reçu un message de Christophe ce matin
b) Parce qu'elle va retrouver ses amis à la fac
c) Parce que Christophe lui a proposé un rendez-vous cette semaine
d) Parce que ses amis l'ont invité vendredi soir

4. Où Céline et Christophe se donnent-ils rendez-vous vendredi soir ?
a) À la fac
b) Au parc
c) Chez Clara
d) À la Migraine

Questions (Chapter 5)

1. Why does Céline feel anxious and can't sleep?
a) Because she's written to Christophe and he hasn't replied.
b) Because she has a lot of studying to do for final exams
c) Because she can't find an apartment
d) Because Scruffles is ill

2. With whom does Céline discuss her problem in the kitchen? (Multiple answers possible)
a) With Clara
b) With Florence
c) With Patrick
d) With her father

3. Why is Céline leaving for college in a good mood? (Several answers possible)
a) Because she received a message from Christophe this morning
b) Because she's meeting her friends at college
c) Because Christophe asked her out on a date this week
d) Because her friends invited her out Friday night

4. Where are Céline and Christophe meeting on Friday evening?
a) At the university
b) In the park
c) At Clara's
d) At the Migraine

5. Qui Céline choisi t-elle d'inviter à son rendez-vous avec Christophe vendredi soir ? a) Florence b) Valentine c) Clara d) Clara et Julien	5. Who will Céline invite to her date with Christophe on Friday evening? a) Florence b) Valentine c) Clara d) Clara and Julien

6. L'appartement de la rue Duviard est pour elles !

En rentrant de la fac, Céline trouve un message de sa **mère** sur la table de la cuisine : « J'ai reçu un **coup de fil** pour toi, rappelle ce numéro. » Elle ne sait pas ce que c'est et elle décide de préparer un thé avant de rappeler. Clara va rentrer bientôt et elle veut l'accueillir pour passer un moment à discuter. Elle est de bonne humeur.

Quand Clara rentre enfin, les deux copines s'installent sur le canapé et parlent de leur journée. Clara est un peu stressée à cause d'un **exposé** qu'elle doit faire toute seule devant sa classe de TD (travaux dirigés). Elle doit choisir un sujet qui l'intéresse, mais la plupart des sujets intéressants proposés ont déjà été pris par les autres élèves. Heureusement, elle peut aussi faire une proposition pour un autre sujet, mais elle ne sait pas quoi choisir. Comme c'est en histoire de l'art antique, elle pense à Pompéi, parce qu'elle est **fascinée** par cette **cité** enfouie sous les **cendres** d'un volcan, puis **figée** dans le temps. Céline ne sait pas grand-chose à ce sujet, mais elle trouve cela passionnant. Moins passionnant que son intérêt pour Christophe, cela dit... Le rendez-vous approche et elle est un peu stressée !

« N'oublie pas ton travail à la fac, quand même ! C'est plus important qu'un garçon tu sais, dit Clara.

- Oh, mais je n'oublie pas. Pas de risque, on nous **bombarde** de travail en ce moment ! répond Céline. Oh, j'oubliais ! Il y a un **mot** de ma mère dans la cuisine, un truc que je dois faire. »

Elle se dirige vers la cuisine, prend le mot et son téléphone, et elle **compose** le numéro.

« Allô ? Oui, allô, bonjour madame. Je vous rappelle, car vous avez appelé ma mère un peu plus tôt aujourd'hui et… Ah, vous m'avez **reconnue** ! Oui, c'est moi, Céline… Oh, mais c'est fantastique ! Super ! Et l'appartement est disponible quand ? Comment ça, immédiatement ? Oh là là, je suis aux anges ! Comment on fait pour les papiers, la signature ? L'**état des lieux** entrant ? Oui, c'est ça, prenons rendez-vous. Le mieux pour nous c'est le samedi, c'est possible samedi prochain, début d'après-midi ? Parfait, 14h30, merci madame ! Voici mon numéro. Passez une bonne semaine ! »

Mère (f) (nom commun) : mother
Coup de fil (m) (nom commun) : phone call
Exposé (m) (nom commun) : presentation
Fasciné (adjectif) : fascinated
Cité (f) (nom commun) : town
Cendre (f) (nom commun) : ash
Figé (adjectif) : frozen
Bombarder (verbe) : to bombard
Mot (m) (nom commun) : note (in this context)
Composer (verbe) : to dial (in this context)
Reconnaître (verbe) : to recognize
État des lieux (m) (nom commun) : inventory of fixtures

Et Céline raccroche, un large sourire aux lèvres. Elle regarde Clara : « C'est la rue Duviard ! On a l'appart ! » Clara **saute** de joie et **renverse** la **moitié** de son thé sur le **tapis**. Scruffles, qui ressent l'émotion des filles, est tout excité lui aussi et **jappe** comme un fou. Merlin, comme toujours, s'en fiche parfaitement.

Céline s'empresse d'écrire un message à sa mère et à son père pour leur communiquer la bonne nouvelle. Son père lui répond : « Mets une bouteille de champagne au frais ma chérie, on va fêter ça ! » Wow, champagne… Céline se met donc en tête de préparer des **petits fours** pour l'apéritif, et Clara vient l'aider.

Quand les parents arrivent, Florence a apporté un beau bouquet de fleurs pour **habiller** la table, et elle prend sa fille dans ses bras : elle est visiblement très **émue**.

« Tu pleures, maman ? demande Céline.

- Mais non, je suis émue : ma grande fille va quitter le foyer familial ! C'est normal ! Alors, c'est votre appartement préféré qui est disponible pour vous ? Scruffles est admis ? Quand est-ce qu'on fait l'état des lieux ? » répond sa mère.

Ils commencent à discuter de l'appartement tout en prenant l'apéritif. Patrick ouvre la **bouteille** de champagne et félicite les filles pour leurs recherches. Il pense qu'elles se sont très bien débrouillées : l'appartement a l'air très bien, ce n'est pas trop cher pour le quartier. Et il est vraiment bien situé ! Au calme, dans une jolie petite rue, à deux pas du Boulevard de la Croix-Rousse, à **moins** de cinq minutes à pied du **métro**. Bravo !

Mattéo, qui n'a pas le droit au champagne et dont la sœur va quitter la maison, est un peu triste. Il voit bien que c'est une bonne nouvelle et il essaye de sourire, mais il se sent un peu seul.

« Scruffles part aussi ? demande-t-il, un peu tristement.

- Oh, Mattéo, tu veux pas qu'on s'en aille ! s'attendrit Céline.

- Non, non, c'est pour le chien, répond-il, un peu **fièrement**. »

Sauter (verbe) : to jump
Renverser (verbe) : to spill
Moitié (f) (nom commun) : half
Tapis (m) (nom commun) : rug
Japper (verbe) : to yap, to bark
Petit four (m) (nom commun) : snacks
Habiller (verbe) : to dress up
Ému (adjectif) : moved, touched
Bouteille (f) (nom commun) : bottle
Moins (adverbe) : less
Métro (m) (nom commun) : subway
Fièrement (adverbe) : proudly

Il a sa **dignité**, Mattéo ; mais personne n'est **dupe**, dans la famille. C'est sûr, c'est difficile parfois d'être le dernier de la famille. On dit que c'est le petit dernier qui est le plus **chouchouté**, mais c'est aussi un peu celui qui s'adapte aux changements de vie des plus grands. Tout lui semble plus long. Lui aussi, il a hâte de grandir et de **voler de ses propres ailes** ! Pour le rassurer, Clara lui explique qu'elles ne vont pas vivre très **loin**. Il pourra venir voir Scruffles quand il veut ! Et elles reviendront souvent le week-end, aussi.

Clara profite d'une petite pause dans la conversation pour envoyer un message à Julien. Il est ravi pour elles ! Et aussi, il pourra venir ? Évidemment qu'il pourra venir. Mais elles doivent déjà déménager, acheter des **meubles**, trouver un peu de **décoration**. C'est le projet dans les jours qui viennent, avec les parents de Céline. Ensuite, l'état des lieux entrant, la signature des **papiers** et le déménagement. Julien promet de les aider à **porter** les meubles. Il est vraiment très gentil.

La fin de la soirée se passe bien, mais Clara commence à s'inquiéter : quand même, il faut qu'elle trouve un petit travail. Elle ne veut pas que les parents de Céline et ses parents payent pour l'appartement. Elle s'endort le **nez** sur son ordinateur, en cherchant des petites annonces pour des petits **boulots**. Elle se promet qu'avant le mois prochain, elle aura trouvé quelque chose !

Dignité (f) (nom commun) : dignity
Dupe (adjectif) : fooled
Chouchouter (verbe) : to spoil
Voler de ses propres ailes (locution verbale) : to stand on your own two feet
Loin (adverbe) : far away
Meuble (m) (nom commun) : furniture
Décoration (f) (nom commun) : decor
Papier (m) (nom commun) : document (in this context)
Porter (verbe) : to carry
Nez (m) (nom commun) : nose
Boulot (m) (nom commun) : job

Questions (Chapitre 6)

1. Pourquoi Clara est-elle un peu stressée ?
a) À cause de la recherche d'appartement
b) À cause de son exposé
c) À cause de son rendez-vous avec Christophe
d) Parce que Scruffles est malade

2. Pourquoi Céline est-elle un peu stressée ?
a) À cause de la recherche d'appartement
b) À cause de son exposé
c) À cause de son rendez-vous avec Christophe
d) Parce que Scruffles est malade

3. Pourquoi Céline et Clara préparent-elles une bouteille de champagne ?
a) Parce qu'elles ont rendez-vous pour l'appartement de la rue Duviard
b) Parce qu'elles ont rendez-vous avec Julien et Christophe
c) Parce qu'elles ont fini leur travail pour la fac
d) Parce qu'elles ont reçu plusieurs appels pour plusieurs appartements à visiter

4. Qu'est-ce que Florence a apporté ?
a) Une bouteille de champagne
b) Des petits-fours
c) Un bouquet de fleurs
d) Un mot pour Clara

5. Comment se sent Mattéo à l'annonce du nouvel appartement des filles ? (Plusieurs réponses possibles)
a) Il est super joyeux
b) Il est ému
c) Il se sent un peu triste
d) Il se sent seul

6. L'appartement de la rue Duviard est pour elles !

En rentrant de la fac, Céline trouve un message de sa mère sur la table de la cuisine : « J'ai reçu un coup de fil pour toi, rappelle ce numéro. » Elle ne sait pas ce que c'est et elle décide de préparer un thé avant de rappeler. Clara va rentrer bientôt et elle veut l'accueillir pour passer un moment à discuter. Elle est de bonne humeur.

Quand Clara rentre enfin, les deux copines s'installent sur le canapé et parlent de leur journée. Clara est un peu stressée à cause d'un exposé qu'elle doit faire toute seule devant sa classe de TD (travaux dirigés). Elle doit choisir un sujet qui l'intéresse, mais la plupart des sujets intéressants proposés ont déjà été pris par les autres élèves. Heureusement, elle peut aussi faire une proposition pour un autre sujet, mais elle ne sait pas quoi choisir. Comme c'est en histoire de l'art antique, elle pense à Pompéi, parce qu'elle est fascinée par cette cité enfouie sous les cendres d'un volcan, puis figée dans le temps. Céline ne sait pas grand-chose à ce sujet, mais elle trouve cela passionnant. Moins passionnant que son intérêt pour Christophe, cela dit… Le rendez-vous approche et elle est un peu stressée !

« N'oublie pas ton travail à la fac, quand même ! C'est plus important

6. The street Duviard apartment is for them!

When Céline comes home from college, Céline finds a message from her mother on the kitchen table, "I received a phone call for you, call this number back." She doesn't know what it is and decides to make a cup of tea before calling back. Clara will be home soon, and she wants to welcome her to spend some time chatting. She's in a good mood.

When Clara finally gets home, the two friends sit on the sofa and talk about their day. Clara is a little stressed because of a presentation she has to give on her own in front of her tutorial class. She has to choose a topic that interests her, but most of the interesting topics offered have already been taken by the other students. Fortunately, she can also make a proposal for another subject, but she doesn't know what to choose. As it's ancient art history, she thinks of Pompeii because she's fascinated by this city buried under the ashes of a volcano, then frozen in time. Céline doesn't know much about it, but she finds it fascinating. Less fascinating than her interest in Christophe, that said… The appointment is approaching, and she's a little stressed!

"Don't forget your college work, though! It's more important than a

qu'un garçon tu sais, dit Clara.

- Oh, mais je n'oublie pas. Pas de risque, on nous bombarde de travail en ce moment ! répond Céline. Oh, j'oubliais ! Il y a un mot de ma mère dans la cuisine, un truc que je dois faire. »

Elle se dirige vers la cuisine, prend le mot et son téléphone, et elle compose le numéro.

« Allô ? Oui, allô, bonjour madame. Je vous rappelle, car vous avez appelé ma mère un peu plus tôt aujourd'hui et… Ah, vous m'avez reconnue ! Oui, c'est moi, Céline… Oh, mais c'est fantastique ! Super ! Et l'appartement est disponible quand ? Comment ça, immédiatement ? Oh là là, je suis aux anges ! Comment on fait pour les papiers, la signature ? L'état des lieux entrant ? Oui, c'est ça, prenons rendez-vous. Le mieux pour nous c'est le samedi, c'est possible samedi prochain, début d'après-midi ? Parfait, 14h30, merci madame ! Voici mon numéro. Passez une bonne semaine ! »

Et Céline raccroche, un large sourire aux lèvres. Elle regarde Clara : « C'est la rue Duviard ! On a l'appart ! » Clara saute de joie et renverse la moitié de son thé sur le tapis. Scruffles, qui ressent l'émotion des filles, est tout excité lui aussi et jappe comme un fou. Merlin, comme toujours, s'en fiche parfaitement.

boy, you know, says Clara.

- Oh, but I won't forget. No risk of that, we are bombarded with work these days! replies Céline. Oh, I forgot! There's a note from my mother in the kitchen, something I need to do."

She heads toward the kitchen, picks up the note and her phone, and dials the number.

"Hello? Yes, hello, good morning ma'am. I'm calling back because you called my mother earlier today and… Ah, you recognized me! Yes, it's me, Céline… Oh, but that's fantastic! Great! And when's the apartment available? What do you mean, immediately? Oh my, I'm in heaven! How do we go about signing the papers? The inventory? Yes, let's make an appointment. Saturday's best for us, is it possible next Saturday, early afternoon? Perfect, 2:30 p.m., thank you, ma'am! Here's my number. Have a great week!"

And Céline hangs up, a big smile on her lips. She looks at Clara: "It's from the apartment on street Duviard! We've got the flat!" Clara jumps for joy and spills half her tea on the carpet. Scruffles, who can feel the girls' emotions, is excited too and barks like crazy. Merlin, as always, couldn't care less.

Céline s'empresse d'écrire un message à sa mère et à son père pour leur communiquer la bonne nouvelle. Son père lui répond : « Mets une bouteille de champagne au frais ma chérie, on va fêter ça ! » Wow, champagne... Céline se met donc en tête de préparer des petits fours pour l'apéritif, et Clara vient l'aider.

Quand les parents arrivent, Florence a apporté un beau bouquet de fleurs pour habiller la table, et elle prend sa fille dans ses bras : elle est visiblement très émue.

« Tu pleures, maman ? demande Céline.

- Mais non, je suis émue : ma grande fille va quitter le foyer familial ! C'est normal ! Alors, c'est votre appartement préféré qui est disponible pour vous ? Scruffles est admis ? Quand est-ce qu'on fait l'état des lieux ? » répond sa mère.

Ils commencent à discuter de l'appartement tout en prenant l'apéritif. Patrick ouvre la bouteille de champagne et félicite les filles pour leurs recherches. Il pense qu'elles se sont très bien débrouillées : l'appartement a l'air très bien, ce n'est pas trop cher pour le quartier. Et il est vraiment bien situé ! Au calme, dans une jolie petite rue, à deux pas du Boulevard de la Croix-Rousse, à moins de cinq minutes à pied du métro. Bravo !

Céline hurriedly writes a message to her mother and father to tell them the good news. Her father replies, "Put a bottle of champagne on ice, darling, we're going to celebrate!" Wow, champagne... So Céline sets out to prepare snacks for the aperitif, and Clara comes along to help.

When the parents arrive, Florence has brought a beautiful bouquet of flowers to dress up the table, and she takes her daughter in her arms; she's visibly very moved.

"Are you crying, Mom? asks Céline.

- No, I'm just emotional: my grown-up daughter is leaving home! It's only natural! So, is it your favorite apartment that is available for you? Is Scruffles allowed? When do we do the inventory?" replies her mother.

They start chatting about the apartment over an aperitif. Patrick opens the bottle of champagne and congratulates the girls on their research. He thinks they've done very well: the apartment looks very good, it's not too expensive for the neighborhood. And it's really well located! Quiet, on a pretty little street, a stone's throw from Boulevard de la Croix-Rousse, less than five minutes' walk from the metro. Bravo!

Mattéo, qui n'a pas le droit au champagne et dont la sœur va quitter la maison, est un peu triste. Il voit bien que c'est une bonne nouvelle et il essaye de sourire, mais il se sent un peu seul.	Mattéo, who is not allowed champagne and whose sister is going to leave the house, is a little sad. He can see that it's good news, and he tries to smile, but he's feeling a bit lonely.
« Scruffles part aussi ? demande-t-il, un peu tristement.	"Scruffles is leaving too? he asks, a little sadly.
- Oh, Mattéo, tu veux pas qu'on s'en aille ! s'attendrit Céline.	- Oh, Mattéo, you don't want us to go! said Céline.
- Non, non, c'est pour le chien, » répond-il, un peu fièrement.	- No, no, it's for the dog," he replies, a little proudly.
Il a sa dignité, Mattéo ; mais personne n'est dupe, dans la famille. C'est sûr, c'est difficile parfois d'être le dernier de la famille. On dit que c'est le petit dernier qui est le plus chouchouté, mais c'est aussi un peu celui qui s'adapte aux changements de vie des plus grands. Tout lui semble plus long. Lui aussi, il a hâte de grandir et de voler de ses propres ailes ! Pour le rassurer, Clara lui explique qu'elles ne vont pas vivre très loin. Il pourra venir voir Scruffles quand il veut ! Et elles reviendront souvent le week-end, aussi.	Mattéo has his dignity, but nobody in the family is fooled. Sure, it's hard sometimes to be the last in the family. They say that it's the youngest who is the most pampered, but it's also the one who has to adapt to the changes in the lives of the older children. Everything seems longer to him. He, too, can't wait to grow up and spread his wings! To reassure him, Clara explains that they won't be living too far away. He can come and see Scruffles whenever he wants! And they'll come back often on weekends, too.
Clara profite d'une petite pause dans la conversation pour envoyer un message à Julien. Il est ravi pour elles ! Et aussi, il pourra venir ? Évidemment qu'il pourra venir. Mais elles doivent déjà déménager, acheter des meubles, trouver un peu de décoration. C'est le projet dans les	Clara takes advantage of a short break in the conversation to send Julien a message. He's delighted for them! And will he be able to come too? Of course he can come. But they've already got to move, buy furniture and find a bit of decoration. That's the plan for the next few days,

jours qui viennent, avec les parents de Céline. Ensuite, l'état des lieux entrant, la signature des papiers et le déménagement. Julien promet de les aider à porter les meubles. Il est vraiment très gentil.

La fin de la soirée se passe bien, mais Clara commence à s'inquiéter : quand même, il faut qu'elle trouve un petit travail. Elle ne veut pas que les parents de Céline et ses parents payent pour l'appartement. Elle s'endort le nez sur son ordinateur, en cherchant des petites annonces pour des petits boulots. Elle se promet qu'avant le mois prochain, elle aura trouvé quelque chose !

with Céline's parents. Then there's the incoming inventory, the signing of the papers and the move. Julien promises to help them carry the furniture. He's really very kind.

The end of the evening goes well, but Clara starts to worry; after all, she has to get a job. She doesn't want Céline's parents and her parents to pay for the apartment. She falls asleep with her face on the computer, looking for classified ads for odd jobs. She promises herself that before next month, she'll have found something!

Questions (Chapitre 6)

1. Pourquoi Clara est-elle un peu stressée ?
a) À cause de la recherche d'appartement
b) À cause de son exposé
c) À cause de son rendez-vous avec Christophe
d) Parce que Scruffles est malade

2. Pourquoi Céline est-elle un peu stressée ?
a) À cause de la recherche d'appartement
b) À cause de son exposé
c) À cause de son rendez-vous avec Christophe
d) Parce que Scruffles est malade

3. Pourquoi Céline et Clara préparent-elles une bouteille de champagne ?
a) Parce qu'elles ont rendez-vous pour l'appartement de la rue Duviard
b) Parce qu'elles ont rendez-vous avec Julien et Christophe
c) Parce qu'elles ont fini leur travail pour la fac
d) Parce qu'elles ont reçu plusieurs appels pour plusieurs appartements à visiter

4. Qu'est-ce que Florence a apporté ?
a) Une bouteille de champagne
b) Des petits-fours
c) Un bouquet de fleurs
d) Un mot pour Clara

**5. Comment se sent Mattéo à

Questions (Chapter 6)

1. Why is Clara a little stressed?
a) Because of the apartment hunt
b) Because of her presentation
c) Because of her appointment with Christophe
d) Because Scruffles is ill

2. Why is Céline a little stressed?
a) Because of the apartment hunt
b) Because of her presentation
c) Because of her appointment with Christophe
d) Because Scruffles is ill

3. Why are Céline and Clara preparing a bottle of champagne?
a) Because they have an appointment for the apartment on street Duviard
b) Because they have an appointment with Julien and Christophe
c) Because they've finished their college work
d) Because they've received several calls for several apartments to visit

4. What did Florence bring?
a) A bottle of champagne
b) Petit-fours
c) A bouquet of flowers
d) A note for Clara

**5. How does Mattéo feel about

l'annonce du nouvel appartement des filles ? (Plusieurs réponses possibles)	the announcement of the girls' new apartment? (Several answers possible)
a) Il est super joyeux	a) He's overjoyed
b) Il est ému	b) He's moved
c) Il se sent un peu triste	c) He feels a bit sad
d) Il se sent seul	d) He feels lonely

7. Scruffles est malade

Clara se réveille un peu fatiguée, la soirée a été longue et le champagne lui fait un peu mal à la **tête**. Le **mal de tête** la réveille en avance ; ça tombe bien, elle veut regarder des annonces pour du travail avant d'aller à la fac.

Elle va préparer le café et elle **constate** en arrivant dans la cuisine qu'il y a quelque chose sur le **sol**, à côté de Scruffles : il a **vomi** ! Mince, le petit chien est **malade** ! Il dort, en boule, sur son coussin, et il se réveille à peine lorsqu'elle vient vers lui… En temps normal, Scruffles est tout **fou** dès le matin quand elle arrive dans la cuisine. Clara est très inquiète. Elle caresse son chien tout doucement en lui parlant gentiment. Il a la **truffe** un peu chaude et **sèche** : c'est mauvais signe.

Elle décide d'attendre que Florence se lève avant de paniquer. Elle nettoie le sol de la cuisine et donne de l'eau **fraîche** au chien. Il ne lève même pas le nez quand elle **pose** le bol par terre. Elle se prépare un café, va prendre son ordinateur dans sa chambre et s'installe sur la table de la cuisine pour organiser ses recherches d'emploi. Quand Florence entre dans la cuisine, elle lui **fait part** immédiatement **de** l'état de Scruffles :

Tête (f) (nom commun) : head
Mal de tête (m) (nom commun) : headache
Constater (verbe) : to notice
Sol (m) (nom commun) : floor
Vomir (verbe) : to vomit
Malade (adjectif) : sick
Fou (adjectif) : crazy
Truffe (f) (nom commun) : nose
Sec (adjectif) : dry
Frais (adjectif) : fresh
Poser (verbe) : to put
Faire part de (locution verbale) : to announce, to inform

« Bonjour Florence, bien dormi ? Dis-moi, le chien a un problème… J'ai peur que ce soit grave, il a vomi dans la nuit et il a l'air fatigué, dit-elle, d'un **air** inquiet.

- Ça alors, zut ! répond Florence. En effet, il a l'air fatigué ! Il ne s'est pas levé quand je suis arrivée ! Tu as vu ça quand ?

- Eh bien, juste il y a **quelques** minutes, en me levant pour préparer le café.

- Merci pour le café. Bon, tu sais, les animaux sont comme les humains, ils sont **parfois** malades. Ce n'est peut-être pas très grave. Je pense que c'est mieux de **rester** près de lui **aujourd'hui**, par contre, dit Florence, calmement. Tu as **beaucoup** de cours aujourd'hui ?

- Pas beaucoup, non. Valentine sera en cours, je peux les récupérer avec elle. J'ai pas mal de travail, mais je peux faire ça d'ici !

- Très bien, je pense que c'est plus **sage**. Il a peut-être mangé quelque chose qui n'est pas passé, peut-être que ça va aller **mieux** dans la journée. **Surveille** sa **nourriture** et son eau. Je vais aller à la pharmacie chercher des médicaments pour **adoucir** l'estomac. »

Air (m) (nom commun) : appearance, look (in this context)
Quelque (adjectif) : some
Parfois (adverbe) : sometimes
Rester (verbe) : to stay
Aujourd'hui (adverbe) : today

Beaucoup (adverbe) : a lot
Sage (adjectif) : wise
Mieux (adverbe) : better
Surveiller (verbe) : to watch, to keep an eye on
Nourriture (f) (nom commun) : food
Adoucir (verbe) : to soften

Florence prend son café, son petit-déjeuner, et appelle le vétérinaire pour demander quels **médicaments** sont indiqués ou **contre-indiqués** pour les chiots. Le vétérinaire **préconise** de rappeler à la **fin** de la journée, au plus tard le lendemain matin, si le chiot ne va pas mieux. Florence prend note et se dirige vers la pharmacie dès son ouverture.

Clara, comme prévu, passe la journée auprès de son chien. Elle lui donne son médicament et surveille son **alimentation**. Mais il ne mange **rien** et ne **boit** pas beaucoup d'eau. Elle est très inquiète et a du mal à se concentrer sur ses études et sa recherche d'emploi. Elle s'organise cependant : le matin, recherches de travail, et l'après-midi, études. Elle va commencer son plan pour son exposé sur la ville de Pompéi, faire quelques recherches de livres intéressants à lire, rechercher des images et préparer le premier historique.

Médicament (m) (nom commun) : medicine
Contre-indiqué (adjectif) : contraindicated
Préconiser (verbe) : to advise
Fin (f) (nom commun) : end
Alimentation (f) (nom commun) : diet
Rien (pronom) : nothing
Boire (verbe) : to drink

Dans sa recherche d'emploi, elle tombe sur quelques **entreprises** qui proposent du **tutorat** en anglais pour des étudiants et des lycéens de la ville de Lyon. Elle trouve également quelques offres pour du travail **en ligne**, mais certaines demandent un certificat d'**enseignement** ! Le tutorat lui semble plus accessible, elle n'est pas vraiment prof. Cependant, son origine américaine et son statut d'étudiante lui donne des chances de trouver un travail. Ce n'est pas très bien **rémunéré**, mais ce n'est pas si mal, et les horaires sont assez flexibles. Elle cherche aussi du côté des bars et des restaurants, car son niveau d'anglais, dans les quartiers touristiques de Lyon, peut aussi être un **atout**. Mais elle s'arrête rapidement de chercher dans la restauration quand elle comprend qu'il faut travailler les soirs et les week-ends. Évidemment !

Elle n'y avait pas pensé. Hors de question qu'elle travaille tous les week-ends !

Finalement, elle écrit son CV en français et elle l'**envoie** sur l'adresse email de Julien, pour qu'il l'aide à **corriger**. Elle écrit aussi une lettre de motivation pour le tutorat en anglais. Elle écrit ensuite un message à Julien pour lui demander son **aide**, et elle liste les établissements qui proposent des **postes**. Quand elle a l'impression d'avoir bien avancé, elle décide de prendre une pause et de sortir Scruffles.

Entreprise (f) (nom commun) : business, company
Tutorat (m) (nom commun) : tutoring
En ligne (locution adverbiale) : online
Enseignement (m) (nom commun) : teaching, education
Rémunérer (verbe) : to pay
Atout (m) (nom commun) : advantage
Envoyer (verbe) : to send
Corriger (verbe) : to correct
Aide (f) (nom commun) : help
Poste (m) (nom commun) : position, job

Mais Scruffles est trop fatigué : il a fait ses besoins par terre, et est retourné sur son lit… Clara est très **peinée**, et de plus en plus inquiète. Elle écrit un message à Florence pour lui donner des nouvelles, et Florence promet de rentrer un peu plus tôt du travail et de l'emmener chez le vétérinaire. Cela rassure un peu Clara, et elle reprend son travail à côté de Scruffles, qui dort.

Quand Florence **rentre**, le chiot se lève doucement pour lui dire bonjour. C'est qu'il réagit quand même à son **entourage** ! Clara le prend doucement dans ses bras, et elles se dirigent ensemble vers la voiture pour aller chez le vétérinaire. Celui-ci, très **doux** et patient, **examine** longuement le chien. Il n'a pas de **fièvre**, pas d'infection apparente, pas de **douleurs** quand on **appuie** sur son estomac. Il réalise une prise de sang pour vérifier et explique qu'il rappellera le lendemain dès qu'il aura les résultats. Il ne semble pas très inquiet :

« Vous savez, ça arrive assez souvent, un petit chiot malade. C'est probablement un virus, veillez à lui donner de la nourriture facile à **digérer**, par exemple du riz blanc cuit dans du **bouillon** de **poulet**. Le bouillon de poulet est parfait pour boire, s'il refuse l'eau ! »

Elles retournent à la maison, en espérant que demain, Scruffles ira mieux.

Peiné (adjectif) : hurt
Rentrer (verbe) : to come back, to go home
Entourage (m) (nom commun) : entourage, circle (in this context)
Doux (adjectif) : gentle
Examiner (verbe) : to examine
Fièvre (f) (nom commun) : fever
Douleur (f) (nom commun) : pain
Appuyer (verbe) : to press
Digérer (verbe) : to digest
Bouillon (m) (nom commun) : broth
Poulet (m) (nom commun) : chicken

Questions (Chapitre 7)

1. Qu'est-ce que la truffe du chien ?
a) Ses pattes
b) Sa langue
c) Son nez
d) Ses oreilles

2. Comment se sent Scruffles aujourd'hui ? (Plusieurs réponses possibles)
a) Il est malade
b) Il est fatigué
c) Il a vomi
d) Il est en pleine forme

3. Pourquoi Clara arrête-t-elle de chercher du travail en restauration ?
a) Parce qu'elle n'a pas de diplôme
b) Parce qu'elle ne parle pas assez bien français
c) Parce que la restauration ne paye pas assez
d) Parce qu'elle ne veut pas travailler le week-end

4. À qui Clara demande-t-elle de l'aide pour son CV ?
a) À Florence
b) À Céline
c) À Julien
d) À Patrick

5. Pourquoi Scruffles est-il malade ?
a) À cause d'un virus
b) Parce qu'il a mangé du poulet
c) On ne sait pas encore
d) Parce qu'il a des vers

7. Scruffles est malade

Clara se réveille un peu fatiguée, la soirée a été longue et le champagne lui fait un peu mal à la tête. Le mal de tête la réveille en avance ; ça tombe bien, elle veut regarder des annonces pour du travail avant d'aller à la fac.

Elle va préparer le café et elle constate en arrivant dans la cuisine qu'il y a quelque chose sur le sol, à côté de Scruffles : il a vomi ! Mince, le petit chien est malade ! Il dort, en boule, sur son coussin, et il se réveille à peine lorsqu'elle vient vers lui… En temps normal, Scruffles est tout fou dès le matin quand elle arrive dans la cuisine. Clara est très inquiète. Elle caresse son chien tout doucement en lui parlant gentiment. Il a la truffe un peu chaude et sèche : c'est mauvais signe.

Elle décide d'attendre que Florence se lève avant de paniquer. Elle nettoie le sol de la cuisine et donne de l'eau fraîche au chien. Il ne lève même pas le nez quand elle pose le bol par terre. Elle se prépare un café, va prendre son ordinateur dans sa chambre et s'installe sur la table de la cuisine pour organiser ses recherches d'emploi. Quand Florence entre dans la cuisine, elle lui fait part immédiatement de l'état de Scruffles :

« Bonjour Florence, bien dormi ? Dis-moi, le chien a un problème… J'ai peur que ce soit grave, il a vomi

7. Scruffles is sick

Clara wakes up a little tired, the evening was long and the champagne is giving her a bit of a headache. The headache wakes her up early; that's good, she wants to look at job ads before going to college.

She goes to make the coffee and, when she gets to the kitchen, notices that there's something on the floor next to Scruffles: he's thrown up! Damn, the little dog's sick! He's asleep, curled up on his cushion, and he barely wakes up when she comes to him… Normally, Scruffles is all crazy first thing in the morning when she arrives in the kitchen. Clara is very worried. She gently pets her dog while talking to him kindly. His nose is a little hot and dry: a bad sign.

She decides to wait for Florence to get up before panicking. She mops the kitchen floor and gives the dog some fresh water. He doesn't even look up when she puts the bowl on the floor. She makes herself a cup of coffee, goes to her bedroom to get her computer and sits down at the kitchen table to organize her job search. When Florence enters the kitchen, she immediately informs her of Scruffles' condition:

"Good morning Florence, did you sleep well? Something is wrong with the dog… I'm afraid it's serious, he

dans la nuit et il a l'air fatigué, dit-elle, d'un air inquiet.

- Ça alors, zut ! répond Florence. En effet, il a l'air fatigué ! Il ne s'est pas levé quand je suis arrivée ! Tu as vu ça quand ?

- Eh bien, juste il y a quelques minutes, en me levant pour préparer le café.

- Merci pour le café. Bon, tu sais, les animaux sont comme les humains, ils sont parfois malades. Ce n'est peut-être pas très grave. Je pense que c'est mieux de rester près de lui aujourd'hui, par contre, dit Florence, calmement. Tu as beaucoup de cours aujourd'hui ?

- Pas beaucoup, non. Valentine sera en cours, je peux les récupérer avec elle. J'ai pas mal de travail, mais je peux faire ça d'ici !

- Très bien, je pense que c'est plus sage. Il a peut-être mangé quelque chose qui n'est pas passé, peut-être que ça va aller mieux dans la journée. Surveille sa nourriture et son eau. Je vais aller à la pharmacie chercher des médicaments pour adoucir l'estomac. »

Florence prend son café, son petit-déjeuner, et appelle le vétérinaire pour demander quels médicaments sont indiqués ou contre-indiqués pour les chiots. Le vétérinaire

threw up during the night, and he looks tired, she says looking worried.

- Oh, darn! replies Florence. Indeed, he does look tired! He didn't get up when I arrived! When did you see this?

- Well, just a few minutes ago, when I got up to make coffee.

- Thanks for the coffee. Well, you know, animals are like people, they get sick sometimes. Maybe it's nothing very serious. I think it's best to stay close to him today, though, says Florence, calmly. Do you have a lot of classes today?

- Not a lot, no. Valentine will be in class, so I can pick them up from her. I've got a lot of work to do, but I can do it from here!

- All right, I think that's wise. Maybe he ate something that didn't go down, maybe he'll be fine during the day. Keep an eye on his food and water. I'm going to the pharmacy and get some medicine to soothe the stomach."

Florence takes her coffee, her breakfast, and calls the vet to ask which medications are indicated or not indicated for puppies. The vet recommends calling back at the

préconise de rappeler à la fin de la journée, au plus tard le lendemain matin, si le chiot ne va pas mieux. Florence prend note et se dirige vers la pharmacie dès son ouverture.

Clara, comme prévu, passe la journée auprès de son chien. Elle lui donne son médicament et surveille son alimentation. Mais il ne mange rien et ne boit pas beaucoup d'eau. Elle est très inquiète et a du mal à se concentrer sur ses études et sa recherche d'emploi. Elle s'organise cependant : le matin, recherches de travail, et l'après-midi, études. Elle va commencer son plan pour son exposé sur la ville de Pompéi, faire quelques recherches de livres intéressants à lire, rechercher des images et préparer le premier historique.

Dans sa recherche d'emploi, elle tombe sur quelques entreprises qui proposent du tutorat en anglais pour des étudiants et des lycéens de la ville de Lyon. Elle trouve également quelques offres pour du travail en ligne, mais certaines demandent un certificat d'enseignement ! Le tutorat lui semble plus accessible, elle n'est pas vraiment prof. Cependant, son origine américaine et son statut d'étudiante lui donne des chances de trouver un travail. Ce n'est pas très bien rémunéré, mais ce n'est pas si mal, et les horaires sont assez flexibles. Elle cherche aussi du côté des bars et des restaurants, car son

end of the day, the next morning at the latest, if the puppy isn't better. Florence takes note and heads for the pharmacy as soon as it opens.

Clara, as planned, spends the day with her dog. She gives him his medicine and monitors his diet. But he's not eating anything or drinking much water. She's very worried and finds it hard to concentrate on her studies and job search. However, she gets organized: in the morning, job searches, and in the afternoon, studies. She will start to work on the plan for her presentation on the city of Pompeii, do some research on interesting books to read, look for pictures, and prepare the first history.

In her job search, she comes across a few companies offering English tutoring for students in Lyon. She also finds a few offers for online work, but some of them require a teacher's certificate! Tutoring seems more accessible to her, she's not really a teacher. However, her American background and student status give her a chance of finding a job. It doesn't pay very well, but it's not bad, and the hours are quite flexible. She is also looking for bars and restaurants because her level of English in Lyon's tourist areas can also be an asset. But she quickly stopped looking for restaurants when she realized that

niveau d'anglais, dans les quartiers touristiques de Lyon, peut aussi être un atout. Mais elle s'arrête rapidement de chercher dans la restauration quand elle comprend qu'il faut travailler les soirs et les week-ends. Évidemment ! Elle n'y avait pas pensé. Hors de question qu'elle travaille tous les week-ends !

Finalement, elle écrit son CV en français et elle l'envoie sur l'adresse email de Julien, pour qu'il l'aide à corriger. Elle écrit aussi une lettre de motivation pour le tutorat en anglais. Elle écrit ensuite un message à Julien pour lui demander son aide, et elle liste les établissements qui proposent des postes. Quand elle a l'impression d'avoir bien avancé, elle décide de prendre une pause et de sortir Scruffles.

Mais Scruffles est trop fatigué : il a fait ses besoins par terre, et est retourné sur son lit… Clara est très peinée, et de plus en plus inquiète. Elle écrit un message à Florence pour lui donner des nouvelles, et Florence promet de rentrer un peu plus tôt du travail et de l'emmener chez le vétérinaire. Cela rassure un peu Clara, et elle reprend son travail à côté de Scruffles, qui dort.

Quand Florence rentre, le chiot se lève doucement pour lui dire bonjour. C'est qu'il réagit quand même à son entourage ! Clara le prend doucement dans ses bras, et elles

she would have to work evenings and weekends. That's obvious! She hadn't thought about it. It is out of the question for her to work every weekend!

Finally, she wrote her CV in French and sent it to Julien's email address so that he could help her correct it. She also writes a cover letter for tutoring in English. She then writes a message to Julien asking for his help, and lists the establishments offering positions. When she feels she's made good progress, she decides to take a break and take Scruffles out.

But Scruffles is too tired; he did his business on the floor, and has returned to his bed… Clara is very upset, and increasingly worried. She writes a message to Florence to give her some news, and Florence promises to come home a little early from work and take him to the vet. This reassures Clara a little, and she resumes her work next to Scruffles, who is asleep.

When Florence comes home, the puppy gets up slowly to say hello to her. He reacts to the people around him! Clara takes him gently in her arms, and together they head for

se dirigent ensemble vers la voiture pour aller chez le vétérinaire. Celui-ci, très doux et patient, examine longuement le chien. Il n'a pas de fièvre, pas d'infection apparente, pas de douleurs quand on appuie sur son estomac. Il réalise une prise de sang pour vérifier et explique qu'il rappellera le lendemain dès qu'il aura les résultats. Il ne semble pas très inquiet.

« Vous savez, ça arrive assez souvent, un petit chiot malade. C'est probablement un virus, veillez à lui donner de la nourriture facile à digérer, par exemple du riz blanc cuit dans du bouillon de poulet. Le bouillon de poulet est parfait pour boire, s'il refuse l'eau ! »

Elles retournent à la maison, en espérant que demain, Scruffles ira mieux.

the car to go to the vet. The vet, very gentle and patient, examines the dog at length. He has no fever, no apparent infection, no pain when you press on his stomach. He takes a blood sample to check and explains that he'll call the next day as soon as he gets the results. He doesn't seem too worried.

"You know, it happens quite often, a sick little puppy. It's probably a virus, make sure to give him food that's easy to digest, for example, white rice cooked in chicken broth. Chicken broth is perfect for drinking if he refuses water!"

They return home, hoping that tomorrow Scruffles will be better.

Questions (Chapitre 7)

1. Qu'est-ce que la truffe du chien ?
a) Ses pattes
b) Sa langue
c) Son nez
d) Ses oreilles

2. Comment se sent Scruffles aujourd'hui ? (Plusieurs réponses possibles)
a) Il est malade
b) Il est fatigué
c) Il a vomi
d) Il est en pleine forme

3. Pourquoi Clara arrête-t-elle de chercher du travail en restauration ?
a) Parce qu'elle n'a pas de diplôme
b) Parce qu'elle ne parle pas assez bien français
c) Parce que la restauration ne paye pas assez
d) Parce qu'elle ne veut pas travailler le week-end

4. À qui Clara demande-t-elle de l'aide pour son CV ?
a) À Florence
b) À Céline
c) À Julien
d) À Patrick

5. Pourquoi Scruffles est-il malade ?
a) À cause d'un virus
b) Parce qu'il a mangé du poulet
c) On ne sait pas encore
d) Parce qu'il a des vers

Questions (Chapter 7)

1. What is "la truffe" in a dog?
a) Its paws
b) Its tongue
c) Its nose
d) Its ears

2. How is Scruffles feeling today? (Several answers possible)
a) He's sick
b) He's tired
c) He threw up
d) He feels great

3. Why does Clara stop looking for a job in the restaurant business?
a) Because she doesn't have a diploma
b) Because she doesn't speak French well enough
c) Because the restaurant business doesn't pay enough
d) Because she doesn't want to work at weekends

4. Who does Clara ask for help with her CV?
a) Florence
b) Céline
c) Julien
d) Patrick

5. Why is Scruffles ill?
a) Because of a virus
b) Because he ate chicken
c) We don't know yet
d) Because he has worms

8. Julien invite Clara au théâtre

Le lendemain matin, Clara attend avec impatience les résultats de la prise de **sang**. Mais Scruffles va mieux : il n'a pas vomi, et il a mangé son riz et **même** un peu de poulet ! Il a bu le bouillon et semble adorer la cuisine de la famille… « Il ne faudrait pas qu'il s'y habitue ! » **plaisante** Patrick. Quand le vétérinaire appelle, il demande des nouvelles du chien puis **annonce** que les résultats sont bons, qu'il ne voit pas de problème. C'est certainement un simple virus. **En revanche**, il va falloir penser aux vaccins !

Clara prend rendez-vous pour les premiers vaccins de son chien. Puis elle part pour la fac, où elle retrouve Valentine, qui lui a gentiment préparé des copies des cours de la veille.

« C'était difficile ? demande Clara.

- Non, vraiment, la routine. Tu ne devrais pas avoir de problème pour me relire, répond Valentine. Comment va ton chien ?

- Le chien va mieux ! J'ai eu peur. Ah, et aussi, on a trouvé un appartement ! annonce Clara, toute heureuse.

- Super ! C'est **où** ? »

Les filles parlent de l'appartement, du quartier, du déménagement à venir. Valentine promet de venir les aider pour emménager. Et elle veut venir pour la **pendaison de crémaillère**, bien sûr. Elles sont absorbées par leur conversation et arrivent en courant pour le premier cours, un peu **en retard**. Le professeur s'arrête de parler pour les **réprimander**, puis reprend son discours. Clara rit et Valentine rougit.

        Sang (m) (nom commun) : blood
        Même (adverbe) : even
        Plaisanter (verbe) : to joke
        Annoncer (verbe) : to announce
        En revanche (locution adverbiale) : however
        Où (adverbe) : where
        Pendaison de crémaillère (f) (nom commun) : house-warming party
        En retard (locution adverbiale) : late
        Réprimander (verbe) : to reprimand

Après le cours, Clara retrouve Julien pour déjeuner. Ce dernier a relu son CV et sa lettre de motivation et il a quelques **suggestions** à lui faire pour l'améliorer. **Pendant** le déjeuner, il l'invite au théâtre.

« J'ai acheté des **places** pour vendredi soir, c'est une **pièce** de Tchekhov, au théâtre des Célestins, lui dit-il en souriant.

- Oh, mais c'est adorable ! Alors c'est demain ? Ah, mais il y avait ce rendez-vous avec le prof de tennis et Céline, répond Clara, un peu **embarrassée**.

- Mais c'est qui celui-là ? s'indigne Julien.

- Ne t'en fais pas, c'est Céline qui en pince pour lui, pas moi ! dit-elle pour le rassurer. Mais j'ai promis de venir, parce qu'elle est timide. C'est à quelle heure la pièce ? On peut peut-être faire les deux ?

- C'est à vingt heures trente. Tu crois que c'est possible ? demande-t-il.

- Tout à fait ! Le rendez-vous est à dix-huit heures, à la Migraine. C'est parfait, comme ça après on peut les laisser tranquilles ! Allez, viens avec nous, Christophe est super sympa. »

Julien accepte. Il se dit que ce sera l'occasion de vérifier si Christophe **a des vues sur** sa petite amie. Mais il est **déjà** rassuré par le fait que Céline soit intéressée. Aussi, il aime rencontrer de nouvelles têtes.

Le lendemain, les filles arrivent un peu en avance à la Migraine. Le patron les reconnaît et les **gratifie** d'un large sourire. Il les installe en terrasse. « On sera quatre, » précise Céline. Elle est habillée simplement car elle ne veut pas donner l'impression qu'elle fait trop d'effort. Mais elle s'est maquillée **minutieusement** et elle a choisi une jolie paire de **boucles d'oreilles**. Clara la trouve très jolie : « comme toujours, » dit-elle.

Suggestion (f) (nom commun) : suggestion
Pendant (préposition) : during
Place (f) (nom commun) : ticket (in this context)
Pièce (f) (nom commun) : play (in this context)
Embarrassé (adjectif) : annoyed
Avoir des vues sur (locution verbale) : to have your eyes on somebody
Déjà (adverbe) : already, yet
Gratifier (verbe) : to give, to reward
Minutieusement (adverbe) : meticulously
Boucle d'oreille (f) (nom commun) : earring

Les garçons arrivent et **font connaissance**. Le début de soirée est très sympa, chacun rit **de bon cœur**. Puis, à vingt heures, Clara s'excuse **poliment** : « On doit partir, on va au théâtre. Amusez-vous bien ! On se voit demain au tennis ? » Céline semble un peu inquiète, mais rien de terrible. Christophe est vraiment **facile**. Clara ne dit rien à Julien, pour ne pas le rendre jaloux, mais elle est **impressionnée** : il est encore plus **beau** que dans sa **tenue** de tennis ! Et il est vraiment drôle et sympa.

Elle glisse un mot en parlant doucement à Céline, en partant : « Tu me raconteras tout, **hein** ! Je t'écris quand je rentre du théâtre. »

La pièce de théâtre était fantastique. Clara a applaudi pendant cinq minutes à la fin. Elle a presque tout compris, et Julien l'a aidée quand ce n'était pas clair pour elle. Elle a adoré ! Elle remercie très **chaleureusement** Julien. Ils se séparent pour rentrer chacun chez eux, après s'être longuement embrassés. Elle aimerait avoir déjà son **chez elle**, pour l'inviter à dormir à la maison. Bientôt !

Faire connaissance (locution verbale) : to meet
De bon cœur (m) (nom commun) : heartily
Poliment (adverbe) : politely
Facile (adjectif) : easy
Impressionné (adjectif) : impressed
Beau (adjectif) : handsome
Tenue (f) (nom commun) : outfit
Hein (interjection) : eh
Chaleureusement (adverbe) : warmly
Chez elle (locution adverbiale) : at her house/place

En rentrant à pied, elle écrit un message à Céline : « alors, tout va bien ? **Toujours** à la Migraine ? » La réponse met quelques minutes à arriver. Céline et Christophe finissent une bière et elle va rentrer. Tout se passe bien. Si Clara a un peu de patience, qu'elle l'**attende** pour qu'elle lui **raconte** en rentrant !

C'est ce que fait Clara. En arrivant, elle s'occupe un peu de Scruffles, raconte sa **soirée** au théâtre aux parents de Céline, puis elle attend son amie. Céline rentre un peu moins d'une heure après, l'air **légèrement** pompette, et très souriante. Elles s'installent avec un thé **dans** la chambre de Céline, pour qu'elle lui raconte tout. C'était super sympa : ils ont parlé de tout et de rien, ils ont beaucoup ri, ils ont aussi parlé de choses plus **dures**, et de leurs vies en général. C'est vraiment un **mec** génial. Céline est encore plus sous le charme !

« Et, alors, tu as réussi à **percer le secret** ? Il a une copine ? demande Clara.

- J'ai essayé de le faire parler, tu penses bien. Mais je ne voulais pas être trop directe. Apparemment, pas de copine en vue, mais je ne suis pas sûre à 100 %. C'est la seule chose qui m'inquiète un peu. Un garçon comme lui, c'est difficile de l'imaginer célibataire ! répond Céline.

- Je vais investiguer, **fais-moi confiance**, dit alors Clara, en souriant. »

Toujours (adverbe) : still (in this context)
Attendre (verbe) : to wait
Raconter (verbe) : to tell, to relate
Soirée (f) (nom commun) : evening
Légèrement (adverbe) : slightly
Dans (préposition) : in, inside

Dur (adjectif) : hard
Mec (m) (nom commun) : guy
Percer un secret (locution verbale) : to unveil a secret
Fais-moi confiance (expression) : trust me

Questions (Chapitre 8)

1. Pourquoi Clara prend-elle rendez-vous chez le vétérinaire ?
a) Pour une prise de sang
b) Pour un vermifuge
c) Parce que Scruffles est malade
d) Pour les vaccins de Scruffles

2. Qu'est-ce qu'une pendaison de crémaillère ?
a) La célébration d'un emménagement
b) Un repas de famille
c) La reprise des cours
d) La célébration des examens

3. Où Julien invite-t-il Clara vendredi soir ?
a) Au théâtre
b) Au parc
c) Au restaurant
d) Chez lui

4. Qui Julien, Clara et Céline vont-ils voir à La Migraine ?
a) Florence
b) Valentine
c) Patrick
d) Christophe

5. Comment Clara a-t-elle trouvé la pièce de théâtre ? (Plusieurs réponses possibles)
a) Elle n'a rien compris
b) Elle n'a pas aimé
c) Elle a presque tout compris
d) Elle a adoré

8. Julien invite Clara au théâtre

Le lendemain matin, Clara attend avec impatience les résultats de la prise de sang. Mais Scruffles va mieux : il n'a pas vomi, et il a mangé son riz et même un peu de poulet ! Il a bu le bouillon et semble adorer la cuisine de la famille… « Il ne faudrait pas qu'il s'y habitue ! » plaisante Patrick. Quand le vétérinaire appelle, il demande des nouvelles du chien puis annonce que les résultats sont bons, qu'il ne voit pas de problème. C'est certainement un simple virus. En revanche, il va falloir penser aux vaccins !

Clara prend rendez-vous pour les premiers vaccins de son chien. Puis elle part pour la fac, où elle retrouve Valentine, qui lui a gentiment préparé des copies des cours de la veille.

« C'était difficile ? demande Clara.

- Non, vraiment, la routine. Tu ne devrais pas avoir de problème pour me relire, répond Valentine. Comment va ton chien ?

- Le chien va mieux ! J'ai eu peur. Ah, et aussi, on a trouvé un appartement ! annonce Clara, toute heureuse.

- Super ! C'est où ? »

Les filles parlent de l'appartement, du

quartier, du déménagement à venir. Valentine promet de venir les aider pour emménager. Et elle veut venir pour la pendaison de crémaillère, bien sûr. Elles sont absorbées par leur conversation et arrivent en courant pour le premier cours, un peu en retard. Le professeur s'arrête de parler pour les réprimander, puis reprend son discours. Clara rit et Valentine rougit.

Après le cours, Clara retrouve Julien pour déjeuner. Ce dernier a relu son CV et sa lettre de motivation et il a quelques suggestions à lui faire pour l'améliorer. Pendant le déjeuner, il l'invite au théâtre.

« J'ai acheté des places pour vendredi soir, c'est une pièce de Tchekhov, au théâtre des Célestins, lui dit-il en souriant.

- Oh, mais c'est adorable ! Alors c'est demain ? Ah, mais il y avait ce rendez-vous avec le prof de tennis et Céline, répond Clara, un peu embarrassée.

- Mais c'est qui celui-là ? s'indigne Julien.

- Ne t'en fais pas, c'est Céline qui en pince pour lui, pas moi ! dit-elle pour le rassurer. Mais j'ai promis de venir, parce qu'elle est timide. C'est à quelle heure la pièce ? On peut peut-être faire les deux ?

- C'est à vingt heures trente. Tu crois

the neighborhood, the upcoming move. Valentine promises to come and help them move in. And she wants to come to the housewarming party, of course. They are absorbed in their conversation and arrive, running for the first class, a little late. The teacher stops talking to reprimand them, then resumes his speech. Clara laughs and Valentine blushes.

After class, Clara meets Julien for lunch. Julien has reread her CV and cover letter and has some suggestions to improve it. During lunch, he invites her to the theater.

"I've bought tickets for Friday night, for a play by Chekhov, at the Théâtre des Célestins, he says, smiling.

- Oh, how lovely! So, it's tomorrow? Ah, but there is this date with the tennis teacher and Céline, replies Clara, a little embarrassed.

- Who's that? Julien is indignant.

- Don't worry, it's Céline who has a crash on him, not me! she says to reassure him. But I promised to go because she's shy. What time's the play? Maybe we can do both?

- It's at eight-thirty. Do you think it's

possible? he asks.

- Absolutely! The date is at six o'clock, at La Migraine. That's perfect, that way can leave them alone afterward! Come on, come with us, Christophe's really nice."

Julien accepts. He figures it'll be a good opportunity to see if Christophe has eyes for his girlfriend. But he's already reassured by the fact that Céline is interested. Also, he likes meeting new people.

The next day, the girls arrive a little early at La Migraine. The owner recognizes them and gives them a big smile. He seats them on the terrace. "There'll be four of us," says Céline. She's dressed simply because she doesn't want to seem like she's trying too hard. But she did her make-up carefully and chose a pretty pair of earrings. Clara finds her very pretty; "as always," she says.

The boys arrive and get to know each other. The start of the evening is very nice, everyone laughs heartily. Then, at 8 pm, Clara politely excuses herself, "We've got to leave, we're going to the theater. Have fun! See you tomorrow at tennis?" Céline seems a little worried, but nothing terrible. Christophe is really easy. Clara doesn't say anything to Julien, so as not to make him jealous, but she's impressed; he looks even more

beau que dans sa tenue de tennis ! Et il est vraiment drôle et sympa.

Elle glisse un mot en parlant doucement à Céline, en partant : « Tu me raconteras tout, hein ! Je t'écris quand je rentre du théâtre. »

La pièce de théâtre était fantastique. Clara a applaudi pendant cinq minutes à la fin. Elle a presque tout compris, et Julien l'a aidée quand ce n'était pas clair pour elle. Elle a adoré ! Elle remercie très chaleureusement Julien. Ils se séparent pour rentrer chacun chez eux, après s'être longuement embrassés. Elle aimerait avoir déjà son chez elle, pour l'inviter à dormir à la maison. Bientôt !

En rentrant à pied, elle écrit un message à Céline : « alors, tout va bien ? Toujours à la Migraine ? » La réponse met quelques minutes à arriver. Céline et Christophe finissent une bière et elle va rentrer. Tout se passe bien. Si Clara a un peu de patience, qu'elle l'attende pour qu'elle lui raconte en rentrant !

C'est ce que fait Clara. En arrivant, elle s'occupe un peu de Scruffles, raconte sa soirée au théâtre aux parents de Céline, puis elle attend son amie. Céline rentre un peu moins d'une heure après, l'air légèrement pompette, et très souriante. Elles s'installent avec un thé dans la chambre de Céline, pour qu'elle lui

handsome than in his tennis outfit! And he's really funny and nice.

She slips Céline a quiet word as she leaves, "You'll tell me all, eh! I'll write you when I get back from the theater."

The play was fantastic. Clara applauded for five minutes at the end. She understood almost everything, and Julien helped her when it wasn't clear to her. She loved it! She thanks Julien very warmly. After a long hug, they parted and went their separate ways home. She'd like to have her place already, so she can invite him to stay over. Soon!

On the walk home, she writes a message to Céline: "So, everything okay? Still at the Migraine?" The answer takes a few minutes to arrive. Céline and Christophe finish a beer and she heads home. Everything's going well. If Clara has a little patience, let her wait for her so she can tell her all about it when she gets home!

That's what Clara does. When she arrives, she takes care of Scruffles, tells Céline's parents about her evening at the theater, and then waits for her friend. Céline returns a little less than an hour later, looking slightly tipsy, and very smiley. They sit down with a cup of tea in Céline's room, so she can tell her everything.

raconte tout. C'était super sympa : ils ont parlé de tout et de rien, ils ont beaucoup ri, ils ont aussi parlé de choses plus dures, et de leurs vies en général. C'est vraiment un mec génial. Céline est encore plus sous le charme !

« Et, alors, tu as réussi à percer le secret ? Il a une copine ? demande Clara.

- J'ai essayé de le faire parler, tu penses bien. Mais je ne voulais pas être trop directe. Apparemment, pas de copine en vue, mais je ne suis pas sûre à 100 %. C'est la seule chose qui m'inquiète un peu. Un garçon comme lui, c'est difficile de l'imaginer célibataire ! répond Céline.

- Je vais investiguer, fais-moi confiance, dit alors Clara, en souriant. »

It was super nice: they talked about everything and nothing, they laughed a lot, they also talked about harder things, and about their lives in general. He's really a great guy. Céline is even more charmed!

"So, did you manage to find out the secret? Does he have a girlfriend? asks Clara.

- I tried to get him to talk. But I didn't want to be too direct. Apparently, he doesn't have a girlfriend, but I'm not 100% sure. That's the only thing that worries me a little. A boy like him, it's difficult to imagine him single! replies Céline.

- I'll investigate, trust me," says Clara, smiling.

Questions (Chapitre 8)

1. Pourquoi Clara prend-elle rendez-vous chez le vétérinaire ?
a) Pour une prise de sang
b) Pour un vermifuge
c) Parce que Scruffles est malade
d) Pour les vaccins de Scruffles

2. Qu'est-ce qu'une pendaison de crémaillère ?
a) La célébration d'un emménagement
b) Un repas de famille
c) La reprise des cours
d) La célébration des examens

3. Où Julien invite-t-il Clara vendredi soir ?
a) Au théâtre
b) Au parc
c) Au restaurant
d) Chez lui

4. Qui Julien, Clara et Céline vont-ils voir à La Migraine ?
a) Florence
b) Valentine
c) Patrick
d) Christophe

5. Comment Clara a-t-elle trouvé la pièce de théâtre ? (Plusieurs réponses possibles)
a) Elle n'a rien compris
b) Elle n'a pas aimé
c) Elle a presque tout compris
d) Elle a adoré

Questions (Chapter 8)

1. Why does Clara make an appointment with the vet?
a) For a blood test
b) For deworming
c) Because Scruffles is sick
d) For Scruffles' vaccines

2. What is a housewarming party?
a) A celebration of moving in
b) A family meal
c) The resumption of classes
d) The celebration of exams

3. Where does Julien invite Clara on Friday evening?
a) To the theater
b) To the park
c) To a restaurant
d) To his place

4. Who are Julien, Clara and Cécile going to see at La Migraine?
a) Florence
b) Valentine
c) Patrick
d) Christophe

5. How did Clara find the play? (Several answers possible)
a) She didn't understand anything
b) She didn't like it
c) She understood almost everything
d) She loved it

9. La préparation du déménagement

Le samedi, c'est tennis, et c'est le nouveau plaisir de la semaine des filles. Elles ne progressent pas vite, mais elles s'amusent beaucoup ! Céline a une légère **gueule de bois** de la soirée de la **veille**, mais l'entraînement l'aide beaucoup à reprendre la **forme**. Et, surtout, retrouver Christophe dès le lendemain est un plaisir ! Ils se disent bonjour comme deux amis et ont déjà quelques **blagues** en commun, se demandent des nouvelles : bien rentré, bien dormi ? Et, à la fin du cours, Christophe leur propose d'aller boire un café. Mais les filles ont promis de rentrer dès la fin du cours, car elles doivent **planifier** le déménagement avec les parents.

À la place, elles proposent d'organiser un repas entre amis chez les parents de Céline le dimanche soir : en effet, Florence et Patrick vont à l'opéra ce dimanche soir, et elles auront la cuisine pour elles. Christophe accepte avec plaisir.

« Tu peux venir accompagné, si tu veux, bien sûr, lui dit Clara.

- Accompagné ? Par qui ? s'étonne Christophe.

- Eh bien, je sais pas, ta copine, par exemple ? répond-elle **innocemment**.

- Je n'ai pas de copine, dit Christophe en souriant, car il a bien compris la **ruse** de Clara... »

Céline est ravie de la réponse et se soucie peu de savoir s'il a compris la double question de Clara : l'important est là : il est célibataire ! Et cela la met en joie. Elle rougit un peu quand Christophe lui donne une gentille **tape** dans le dos pour lui dire au revoir, mais elle félicite ensuite Clara et la remercie en riant. « Ouf ! un **poids** de moins ! Maintenant, il s'agit de voir si je l'intéresse ! Excellente **tactique**, ma chère amie. Tu ferais une **détective** brillante. » Les deux amies rentrent à la maison à vélo. La table est déjà mise, et Florence les attend avec du papier et un **crayon**.

Gueule de bois (f) (nom commun) : hangover
Veille (f) (nom commun) : the day before
Forme (f) (nom commun) : shape
Blague (f) (nom commun) : joke
Planifier (verbe) : to plan
Innocemment (adverbe) : innocently
Ruse (f) (nom commun) : trick
Tape (f) (nom commun) : tap
Poids (m) (nom commun) : weight
Tactique (f) (nom commun) : tactic
Détective (m) (nom commun) : investigator, detective
Crayon (m) (nom commun) : pencil

« Bon, les filles. Il faut faire une liste de ce dont vous **avez besoin** dans votre nouveau chez vous ! On commence par faire la liste, et ensuite on voit ce qu'on peut vous donner de la maison, et ce qu'on doit acheter, déclare-t-elle.

- Super, dit Céline, par quoi on commence ?

- Les chambres, peut-être ? demande Clara. Et la cuisine ! »

La liste est longue : les appartements, en France, sont le plus souvent loués **vides**. Mais les cuisines, lorsqu'elles sont équipées, n'ont pas toujours de frigidaire. Il faut tout meubler : apporter des lits, un **canapé**, une table basse, quelques chaises, une table pour la cuisine, des tables de **chevet**, des **rideaux**, des bureaux, des **étagères** pour les livres et des **armoires** pour les vêtements.

Il y a besoin aussi d'une cuisinière et d'un frigidaire, et de vaisselle, bien sûr. Pour la **salle de bain**, un petit meuble de rangement sera bien pratique.

Une fois cette liste – provisoire – établie, Patrick et Florence réfléchissent à ce qu'ils ont à donner aux filles. Les tables de chevet, la **vaisselle**, les couverts, une table basse, un ou deux tapis, des **serviettes** de bain et une ou deux commodes, ça c'est bon. Ils ont aussi une ou deux **chaises** et un meuble bibliothèque qu'ils peuvent leur laisser. En revanche, les équipements de la cuisine et les lits et canapé, il va falloir les acheter. Neufs ou **d'occasion**.

Avoir besoin de (verbe) : to need
Vide (adjectif) : empty
Canapé (m) (nom commun) : sofa
Chevet (m) (nom commun) : bedside
Rideau (m) (nom commun) : curtain
Étagère (f) (nom commun) : shelf
Armoire (f) (nom commun) : wardrobe
Salle de bain (f) (nom commun) : bathroom
Vaisselle (f) (nom commun) : dishes
Serviette (f) (nom commun) : towel
Chaise (f) (nom commun) : chair
D'occasion (locution adjectivale) : second-hand, used

Après le déjeuner, ils prennent la voiture pour aller chercher chez Emmaüs les meubles qui peuvent être achetés d'occasion : ils trouvent une **cuisinière** en très bon **état** et de bonne marque pour un bon prix ainsi qu'un **frigidaire** de bonne qualité **bon marché**, lui aussi. Comme la voiture est **pleine**, les filles rentrent en métro, et retrouvent les parents à la maison pour décharger le véhicule dans le garage, puis ils repartent dans un grand magasin de vente de meubles pour acheter des lits **neufs**. Céline insiste pour des lits doubles, **au lieu de** lits simples, et les parents acceptent. Il faut aussi des coussins, des **couvertures**, des **draps** et des couettes. Florence, généreuse, ajoute quelques éléments de décoration : des vases pour mettre des fleurs, des rideaux pour les fenêtres, quelques plantes pour faire joli. Et un miroir pour l'entrée !

C'est déjà beaucoup pour une seule journée, et tout le monde est bien fatigué en rentrant. Tout est déchargé dans le garage : la voiture restera dans la rue jusqu'au **déménagement**. Les filles sont ravies, et très reconnaissantes. Elles ont tellement hâte d'emménager dans leur nouvel appartement !

Cuisinière (f) (nom commun) : cooker, stove
État (m) (nom commun) : condition
Frigidaire (m) (nom commun) : fridge
Bon marché (adjectif invariable) : cheap, inexpensive
Plein (adjectif) : full
Neuf (adjectif) : new
Au lieu de (locution prépositionnelle) : instead of
Couverture (f) (nom commun) : blanket
Drap (m) (nom commun) : sheet
Déménagement (m) (nom commun) : move

Le **soir**, **ensemble**, elles planifient le repas du lendemain. Elles invitent Max, Anouk, Valentine, Julien et Christophe. Elles vont faire une quiche lorraine, une salade, et préparer quelques **canapés** pour l'apéritif. Valentine, toujours **prête** à aider, propose d'apporter un dessert. **Quant à** Max, il apportera des bières. Julien ne peut malheureusement pas venir : il a un dîner en famille, pour l'anniversaire de sa petite sœur. La prochaine **fois** !

Le soir, en famille, le repas est vite préparé et vite mangé, car chacun est fatigué ! Une soupe, quelques **légumes**, du saucisson, et hop, au lit tout le monde. Dans leurs chambres respectives, Clara et Céline envoient des textos à Julien et à Christophe. Et Clara profite aussi pour écrire quelques pages de son blog, ainsi qu'un long mail à sa famille. Elle consulte aussi ses mails et les annonces pour les emplois... **Rien de nouveau**, mais il faut qu'elle envoie des **candidatures**. Elle fera ça demain, **avant** de **cuisiner** !

Soir (m) (nom commun) : evening
Ensemble (adverbe) : together
Canapé (m) (nom commun) : appetizer (in this context)
Prêt (adjectif) : ready
Quant à (locution prépositionnelle) : as for
Fois (f) (nom commun) : time
Légume (m) (nom commun) : vegetable
Rien de nouveau (expression) : nothing new, no news
Candidature (f) (nom commun) : application
Avant (préposition) : before
Cuisiner (verbe) : to cook

Questions (Chapitre 9)

1. Que signifie « avoir la gueule de bois » ?
a) Avoir froid
b) Avoir trop bu d'alcool la veille
c) Avoir faim
d) Être fatigué

2. Où vont Florence et Patrick dimanche soir ?
a) Au théâtre
b) À l'opéra
c) À la Migraine
d) À un concert

3. Qu'est-ce que Patrick et Florence peuvent-ils donner aux filles pour leur nouvel appartement ? (Plusieurs réponses possibles)
a) Une commode
b) Des chaises
c) Un canapé
d) Des tables de chevet

4. Qu'est-ce que les filles vont devoir acheter pour leur appartement ? (Plusieurs réponses possibles)
a) Un canapé
b) Des lits
c) Des équipements de cuisine
d) Une télévision

5. Pourquoi Julien ne pourra pas être présent au repas ? (Plusieurs réponses possibles)
a) Parce que c'est l'anniversaire de sa sœur
b) Parce qu'il travaille
c) Parce qu'il a un repas de famille
d) Parce qu'il est malade

9. La préparation du déménagement

Le samedi, c'est tennis, et c'est le nouveau plaisir de la semaine des filles. Elles ne progressent pas vite, mais elles s'amusent beaucoup ! Céline a une légère gueule de bois de la soirée de la veille, mais l'entraînement l'aide beaucoup à reprendre la forme. Et, surtout, retrouver Christophe dès le lendemain est un plaisir ! Ils se disent bonjour comme deux amis et ont déjà quelques blagues en commun, se demandent des nouvelles : bien rentré, bien dormi ? Et, à la fin du cours, Christophe leur propose d'aller boire un café. Mais les filles ont promis de rentrer dès la fin du cours, car elles doivent planifier le déménagement avec les parents.

À la place, elles proposent d'organiser un repas entre amis chez les parents de Céline le dimanche soir : en effet, Florence et Patrick vont à l'opéra ce dimanche soir, et elles auront la cuisine pour elles. Christophe accepte avec plaisir.

« Tu peux venir accompagné, si tu veux, bien sûr, lui dit Clara.

- Accompagné ? Par qui ? s'étonne Christophe.

- Eh bien, je sais pas, ta copine, par exemple ? répond-elle innocemment.

- Je n'ai pas de copine, » dit Christophe

9. Preparing for the move

Saturday is tennis, and it's the new pleasure of the girls' week. They're not progressing fast, but they're having a lot of fun! Céline has a slight hangover from the evening before, but the training helps her a lot to get back into shape. And, above all, meeting Christophe the next day is a pleasure! They say hello like two friends and already have a few jokes in common, and ask each other for news; how did you get home, did you sleep well? And at the end of the lesson, Christophe suggests they go for a coffee. But the girls have promised to return as soon as the class is over because they have to plan the move with the parents.

Instead, they suggest a Sunday evening meal with friends at Céline's parents'; in fact, Florence and Patrick are going to the opera this Sunday evening, and they'll have the kitchen to themselves. Christophe accepts with pleasure.

"You can come accompanied if you want, of course, says Clara.

- Accompanied? By whom? Christophe is surprised.

- Well, I don't know, your girlfriend, for example? she replies innocently.

- I don't have a girlfriend," says

en souriant, car il a bien compris la ruse de Clara...	Christophe, smiling, because he's clearly understood Clara's ruse...
Céline est ravie de la réponse et se soucie peu de savoir s'il a compris la double question de Clara : l'important est là : il est célibataire ! Et cela la met en joie. Elle rougit un peu quand Christophe lui donne une gentille tape dans le dos pour lui dire au revoir, mais elle félicite ensuite Clara et la remercie en riant. « Ouf ! un poids de moins ! Maintenant, il s'agit de voir si je l'intéresse ! Excellente tactique, ma chère amie. Tu ferais une détective brillante. » Les deux amies rentrent à la maison à vélo. La table est déjà mise, et Florence les attend avec du papier et un crayon.	Céline is delighted with the answer and doesn't care whether he's understood Clara's double question; the important thing is, he's single! And that makes her happy. She blushes a little when Christophe gives her a gentle pat on the back to say goodbye, but then congratulates Clara and thanks her with a laugh. "Phew, a weight off my mind! Now it's a question of seeing if he's interested in me! Excellent tactic, my dear friend. You'd make a brilliant detective." The two friends return home by bike. The table is already set, and Florence is waiting for them with paper and pencil.
« Bon, les filles. Il faut faire une liste de ce dont vous avez besoin dans votre nouveau chez vous ! On commence par faire la liste, et ensuite on voit ce qu'on peut vous donner de la maison, et ce qu'on doit acheter, déclare-t-elle.	"Okay, girls. You need to make a list of what you need in your new home! We start by making the list, and then we see what we can give you from the house, and what we have to buy, she declares.
- Super, dit Céline, par quoi on commence ?	- Great, says Céline, where do we start?
- Les chambres, peut-être ? demande Clara. Et la cuisine ! »	- The bedrooms, perhaps? asks Clara. And the kitchen!"
La liste est longue : les appartements, en France, sont le plus souvent loués vides. Mais les cuisines, lorsqu'elles sont équipées, n'ont pas toujours de frigidaire. Il faut tout meubler :	The list is long; in France, most apartments are rented empty. But kitchens, when equipped, don't always have a fridge. You have to furnish everything; bring beds, a

apporter des lits, un canapé, une table basse, quelques chaises, une table pour la cuisine, des tables de chevet, des rideaux, des bureaux, des étagères pour les livres et des armoires pour les vêtements. Il y a besoin aussi d'une cuisinière et d'un frigidaire, et de vaisselle, bien sûr. Pour la salle de bain, un petit meuble de rangement sera bien pratique.

Une fois cette liste – provisoire – établie, Patrick et Florence réfléchissent à ce qu'ils ont à donner aux filles. Les tables de chevet, la vaisselle, les couverts, une table basse, un ou deux tapis, des serviettes de bain et une ou deux commodes, ça c'est bon. Ils ont aussi une ou deux chaises et un meuble bibliothèque qu'ils peuvent leur laisser. En revanche, les équipements de la cuisine et les lits et canapé, il va falloir les acheter. Neufs ou d'occasion.

Après le déjeuner, ils prennent la voiture pour aller chercher chez Emmaüs les meubles qui peuvent être achetés d'occasion : ils trouvent une cuisinière en très bon état et de bonne marque pour un bon prix ainsi qu'un frigidaire de bonne qualité bon marché, lui aussi. Comme la voiture est pleine, les filles rentrent en métro, et retrouvent les parents à la maison pour décharger le véhicule dans le garage, puis ils repartent dans un grand magasin de vente de meubles pour acheter des lits neufs. Céline insiste pour des lits doubles,

sofa, a coffee table, a few chairs, a kitchen table, bedside tables, curtains, desks, shelves for books, and wardrobes for clothes. You also need a stove and fridge, and dishes, of course. For the bathroom, a small storage unit will be very practical.

Once this provision list has been drawn up, Patrick and Florence think about what they have to give the girls. Bedside tables, dishes, cutlery, a coffee table, one or two rugs, towels, and one or two chests of drawers, that's good. They also have one or two chairs and a bookcase, that they can leave with them. On the other hand, the kitchen equipment and the beds and sofa, you will have to buy them. New or used.

After lunch, they take the car to go to Emmaüs to look for furniture that can be bought second-hand; they find a stove in very good condition and a good brand for a good price, as well as a good-quality fridge that's also inexpensive. As the car is full, the girls return by metro, and meet the parents at home to unload the car in the garage, then they go back to a large furniture store to buy new beds. Céline insists on double beds instead of single beds, and the parents agree. Cushions, blankets, sheets and comforters are also

au lieu de lits simples, et les parents acceptent. Il faut aussi des coussins, des couvertures, des draps et des couettes. Florence, généreuse, ajoute quelques éléments de décoration : des vases pour mettre des fleurs, des rideaux pour les fenêtres, quelques plantes pour faire joli. Et un miroir pour l'entrée !

C'est déjà beaucoup pour une seule journée, et tout le monde est bien fatigué en rentrant. Tout est déchargé dans le garage : la voiture restera dans la rue jusqu'au déménagement. Les filles sont ravies, et très reconnaissantes. Elles ont tellement hâte d'emménager dans leur nouvel appartement !

Le soir, ensemble, elles planifient le repas du lendemain. Elles invitent Max, Anouk, Valentine, Julien et Christophe. Elles vont faire une quiche lorraine, une salade, et préparer quelques canapés pour l'apéritif. Valentine, toujours prête à aider, propose d'apporter un dessert. Quant à Max, il apportera des bières. Julien ne peut malheureusement pas venir : il a un dîner en famille, pour l'anniversaire de sa petite sœur. La prochaine fois !

Le soir, en famille, le repas est vite préparé et vite mangé, car chacun est fatigué ! Une soupe, quelques légumes, du saucisson, et hop, au lit tout le monde. Dans leurs chambres respectives, Clara et

needed. Florence, generous, adds a few decorative elements; vases for flowers, curtains for the windows, a few plants to make it look pretty. And a mirror for the entrance!

It's already a lot for just one day, and everyone's pretty tired when they get home. Everything is unloaded in the garage; the car will remain on the street until the move. The girls are delighted, and very grateful. They're so excited to move into their new apartment!

In the evening, together, they plan the next day's meal. They invite Max, Anouk, Valentine, Julien and Christophe. They're going to make a quiche lorraine, a salad, and prepare some appetizers for the aperitif. Valentine, always ready to help, offers to bring dessert. As for Max, he'll bring some beer. Unfortunately, Julien can't make it; he has a family dinner for his little sister's birthday. But next time!

In the evening, as a family, the meal is quickly prepared and quickly eaten because everyone is tired! Soup, a few vegetables, some sausage, and everyone goes to bed. In their respective rooms, Clara and Céline

Céline envoient des textos à Julien et à Christophe. Et Clara profite aussi pour écrire quelques pages de son blog, ainsi qu'un long mail à sa famille. Elle consulte aussi ses mails et les annonces pour les emplois… Rien de nouveau, mais il faut qu'elle envoie des candidatures. Elle fera ça demain, avant de cuisiner !

send texts to Julien and Christophe. And Clara takes the opportunity to write a few pages for her blog, as well as a long e-mail to her family. She also checks her e-mails and the job ads... Nothing new, but she needs to send some applications. She'll do that tomorrow, before cooking!

Questions (Chapitre 9)

1. Que signifie « avoir la gueule de bois » ?
a) Avoir froid
b) Avoir trop bu d'alcool la veille
c) Avoir faim
d) Être fatigué

2. Où vont Florence et Patrick dimanche soir ?
a) Au théâtre
b) À l'opéra
c) À la Migraine
d) À un concert

3. Qu'est-ce que Patrick et Florence peuvent-ils donner aux filles pour leur nouvel appartement ? (Plusieurs réponses possibles)
a) Une commode
b) Des chaises
c) Un canapé
d) Des tables de chevet

4. Qu'est-ce que les filles vont devoir acheter pour leur appartement ? (Plusieurs réponses possibles)
a) Un canapé
b) Des lits
c) Des équipements de cuisine
d) Une télévision

5. Pourquoi Julien ne pourra pas être présent au repas ? (Plusieurs réponses possibles)
a) Parce que c'est l'anniversaire de sa sœur
b) Parce qu'il travaille

Questions (Chapter 9)

1. What does it mean "avoir la gueule de bois"?
a) To be cold
b) To have drunk too much alcohol the night before
c) To be hungry
d) To be tired

2. Where are Florence and Patrick going on Sunday evening?
a) To the theater
b) To the opera
c) To la Migraine
d) To a concert

3. What can Patrick and Florence give the girls for their new apartment? (Multiple answers possible)
a) A chest of drawers
b) Chairs
c) A sofa
d) Bedside tables

4. What will the girls have to buy for their apartment? (Several answers possible)
a) A sofa
b) Beds
c) Kitchen equipment
d) Television

5. Why won't Julien be able to attend the meal? (Several answers possible)
a) Because it's his sister's birthday
b) Because he's working
c) Because he's having a family

c) Parce qu'il a un repas de famille   dinner
d) Parce qu'il est malade   d) Because he's ill

10. Soirée dîner avec les copains

Les filles auraient aimé manger **dehors**, à midi. Mais il fait encore froid. **Pourtant**, il fait beau. Le dimanche matin, Patrick ouvre la fenêtre de la cuisine pour **aérer**. « Brrrrr, » fait Florence. « Ferme la fenêtre, » hurle Mattéo. « Y en a marre de ce froid de canard ! » peste Céline. Clara **éclate de rire** : qu'est-ce qui se passe, ce n'est pas nouveau, il fait froid ! Elle demande quel est le **rapport** avec les **canards**. Florence explique :

« C'est une expression française très **fréquente**, tu l'as sûrement entendue tout l'hiver, dit-elle. Ça veut juste dire qu'il fait très froid. On pense que ça vient du passé, quand on **chassait** le canard. La saison de la chasse aux canards était en hiver, quand il faisait très froid. Voilà ! Et, tu connais le **dicton** : en avril, ne te découvre pas d'un fil ?

- Et en mai, fais ce qu'il te plaît ! s'écrie Mattéo.

- Alors, non, je ne connais pas, c'est quoi ? demande Clara, curieuse.

- Ce sont des dictons **populaires**, explique Patrick. Ne pas se découvrir d'un fil signifie : ne pas se découvrir de ses vêtements, ne pas oublier de s'habiller

chaudement. Ce sont comme des proverbes pour nous prévenir qu'à l'arrivée des beaux jours, il ne faut pas être trop optimiste, car en avril, il fait souvent **froid**. »

Dehors (adverbe) : outside
Pourtant (adverbe) : yet
Aérer (verbe) : to ventilate
Éclate de rire (locution verbale) : to burst out laughing
Rapport (m) (nom commun) : connection (in this context)
Canard (m) (nom commun) : duck
Fréquent (adjectif) : regular
Chasser (verbe) : to hunt
Dicton (m) (nom commun) : saying
Populaire (adjectif) : popular
Froid (adjectif) : cold

Clara trouve cela très intéressant. Et elle comprend qu'en mai, il va faire **plus** chaud, enfin ! Finies les **écharpes** et les **chaussures** montantes ! Elle a hâte de sortir une ou deux **robes** et de **cesser** de mettre deux pulls pour aller en cours.

En attendant, il faut aller faire quelques courses pour le repas de ce soir : des lardons, du gruyère, de la pâte feuilletée, du **lait**, des **œufs**, de la crème, du parmesan. De la salade, des **oignons**, de l'**ail**, quelques fruits et du fromage. Elles rentrent, les bras chargés, et commencent à cuisiner. Ce n'est pas très long à faire : la quiche lorraine, c'est un vrai **plat** du dimanche, facile à faire, **réconfortant**, et très bon ! Clara n'en a jamais fait, alors elle suit la recette avec attention pour la mettre sur son blog. Elle prend des photos à chaque étape et note **scrupuleusement** les détails de la confection. Elles préparent deux quiches : une avec des oignons, et une sans oignons.

Plus (adverbe) : more
Écharpe (f) (nom commun) : scarf
Chaussure (f) (nom commun) : shoe
Robe (f) (nom commun) : dress
Cesser (verbe) : to stop
Lait (m) (nom commun) : milk
Œuf (m) (nom commun) : egg
Oignon (m) (nom commun) : onion
Ail (m) (nom commun) : garlic

Plat (m) (nom commun) : dish
Réconfortant (adjectif) : comforting
Scrupuleusement (adverbe) : scrupulously

Quand les quiches sont dans le **four**, Clara montre à Céline son CV et sa lettre de motivation. Elle se prépare à les envoyer à quelques établissements pour **demander** du travail. Céline est très impressionnée. Clara lui explique que Julien l'a aidée, bien sûr. Elles cherchent ensemble d'autres institutions qui pourraient chercher un **profil** comme **le sien**, et trouvent **encore** quelques pistes.

Clara envoie cinq mails avec **sa** candidature en **pièce jointe**. Céline l'aide à **rédiger** des mails professionnels. Le français est exigeant : quand on écrit, il faut mettre les formes ! Le **vouvoiement**, le conditionnel, les formules de politesse. « À l'attention de, » « je vous prie de trouver en pièce jointe, » « je vous remercie de votre intérêt pour mon profil, » « dans l'attente d'un entretien, » « espérant retenir votre attention, » « bien cordialement... » Clara apprend tout cela, et elle doit avouer qu'elle trouve le français un peu verbeux. Aux États-Unis, bien sûr, on est polis ; mais on **prend** tout de même moins de **pincettes**.

Quand (adverbe) : when
Four (m) (nom commun) : oven
Demander (verbe) : to ask
Profil (m) (non commun) : profile
Le sien (pronom possessif) : his, hers
Encore (adverbe) : still
Sa (adjectif possessif) : her
Pièce jointe (f) (nom commun) : attachment
Rédiger (verbe) : to write
Vouvoiement (m) (nom commun) : using "vous"
Prendre des pincettes (locution verbale) : to be considered with caution

Les mails envoyés, Clara commence déjà à s'impatienter. Elle espère trouver un travail rapidement. Céline se sent un peu **coupable** : elle devrait aussi chercher un travail. Clara la motive dans ce sens. Elle cherche également dans quel domaine elle pourrait se rendre utile et **gagner** un peu d'argent. Elle pourrait faire du baby sitting, ou s'occuper de **personnes âgées**. Elle regarde sur Internet et trouve rapidement quelques annonces intéressantes. Comme Clara, elle rédige un CV et quelques lettres de motivations, différentes pour

différents petits boulots.

Cet après-midi très **productif** se termine quand les parents partent pour l'opéra. Ils disent au revoir et bonne soirée aux deux copines, puis s'en vont. Clara et Céline se lèvent, rangent les ordinateurs, et préparent l'apéritif : un peu de saucisson, des olives **vertes** et **noires**, un peu de fromage, des petits fours préparés avec la fin de la **pâte feuilletée** non **utilisée** pour les quiches lorraines. Elles sortent des verres, et c'est là qu'elles entendent frapper à la porte : ce sont Anouk, Max et Valentine, arrivés tous les trois **en même temps**, une belle **tarte au citron** ainsi que quelques bières.

Ils s'installent dans le salon pour commencer l'apéritif. Christophe arrive quelques minutes plus tard. Quand Céline ouvre la porte, elle rougit immédiatement : il a apporté des fleurs ! Quel gentleman ! Elle prend les fleurs comme elle prendrait un compliment. Elle sait que ce n'est pas vraiment pour elle, mais dans sa tête, c'est la même chose. Elle est complètement **chamboulée** !

Coupable (adjectif) : guilty
Gagner (verbe) : to earn (in this context)
Personne âgée (f) (nom commun) : elderly person, old person
Productif (adjectif) : productive
Vert (adjectif) : green
Noir (adjectif) : black
Pâte feuilletée (f) (nom commun) : puff pastry
Utilisé (adjectif) : used
En même temps (locution adverbiale) : at the same time
Tarte au citron (f) (nom commun) : lemon tart
Chamboulé (adjectif) : shaken, flustered

Mais ce sont les têtes d'Anouk et de Valentine qui la ramènent sur terre : quand elles voient Christophe entrer dans le salon, elles font un si large sourire qu'il est difficile de ne pas **deviner** leurs **pensées**. Quel bel homme, en effet ! Céline va chercher un vase pour les fleurs et revient dans le salon avec un verre pour Christophe.

La soirée se passe si bien qu'ils oublient l'heure. Tout est très bon, et la tarte de Valentine est une **réussite** ! Quand ils ont terminé la vaisselle, les parents de Céline rentrent de l'opéra. Patrick, heureux de rencontrer quelques amis de sa fille, propose un **digestif**. Tout le monde se réinstalle dans le salon, en

famille, avec le chat, le chien, tous les amis.

Clara regarde la scène et, **encore une fois**, se dit qu'elle passe peut-être la plus belle **année** de sa vie. Le **mois** prochain s'annonce **haut en couleur** : déménagement, **vrai** printemps, **partiels** à préparer, et peut-être un nouveau travail !

Deviner (verbe) : to guess
Pensée (f) (nom commun) : thought
Réussite (f) (nom commun) : success
Digestif (m) (nom commun) : after-dinner liqueur
Encore une fois (locution adverbiale) : once again
Année (f) (nom commun) : year
Mois (m) (nom commun) : month
Haut en couleur (locution adjectivale) : colorful
Vrai (adjectif) : real, true
Partiel (m) (nom commun) : end-of-term exam

Questions (Chapitre 10)

1. Quel dicton signifie qu'il ne faut pas oublier de s'habiller chaudement ?
a) Il fait un froid de canard
b) En avril, ne te découvre pas d'un fil
c) Il fait froid pendant la chasse aux canards
d) En mai, fais ce qu'il te plaît

2. Qu'est-ce que signifie le dicton : « En mai, fais ce qu'il te plaît » ?
a) Qu'il va faire plus froid en mai
b) Qu'il ne faut pas oublier de s'habiller chaudement en mai
c) Qu'il va faire plus chaud en mai
d) Qu'il va pleuvoir en mai

3. Qu'est-ce que les filles cuisinent-elles pour le repas du soir ?
a) Des pâtes
b) Une quiche avec des oignons
c) Une quiche sans oignons
d) Deux quiches, une avec des oignons, et une sans oignons

4. Qu'est-ce que Céline recherche comme travail ? (Plusieurs réponses possibles)
a) Du babysitting
b) S'occuper de personnes âgées
c) Serveuse dans un restaurant
d) Prof de français

5. Qu'est-ce qu'Anouk, Max et Valentine ont emmené à la soirée ?
a) Une quiche lorraine
b) Des olives
c) Des petits fours
d) Une tarte au citron

10. Soirée dîner avec les copains

Les filles auraient aimé manger dehors, à midi. Mais il fait encore froid. Pourtant, il fait beau. Le dimanche matin, Patrick ouvre la fenêtre de la cuisine pour aérer. « Brrrrr, » fait Florence. « Ferme la fenêtre, » hurle Mattéo. « Y en a marre de ce froid de canard ! » peste Céline. Clara éclate de rire : qu'est-ce qui se passe, ce n'est pas nouveau, il fait froid ! Elle demande quel est le rapport avec les canards. Florence explique :

« C'est une expression française très fréquente, tu l'as sûrement entendue tout l'hiver, dit-elle. Ça veut juste dire qu'il fait très froid. On pense que ça vient du passé, quand on chassait le canard. La saison de la chasse aux canards était en hiver, quand il faisait très froid. Voilà ! Et, tu connais le dicton : en avril, ne te découvre pas d'un fil ?

- Et en mai, fais ce qu'il te plaît ! s'écrie Mattéo.

- Alors, non, je ne connais pas, c'est quoi ? demande Clara, curieuse.

- Ce sont des dictons populaires, explique Patrick. Ne pas se découvrir d'un fil signifie : ne pas se découvrir de ses vêtements, ne pas oublier de s'habiller chaudement. Ce sont comme des proverbes pour nous

10. Evening dinner with friends

The girls would have liked to eat outside at noon. But it's still cold. However, the weather's fine. On Sunday morning, Patrick opens the kitchen window to ventilate. "Brrrrr," says Florence. "Close the window," shouts Mattéo. "We're tired of this freezing cold!" Céline complains. Clara bursts out laughing; what's going on, it's nothing new, it's cold! She asks what the ducks have to do with it. Florence explains:

"It's a very common French expression, you've probably heard it all winter, she says. It just means that it's very cold. We think it comes from the old days, when we were duck hunting. The duck hunting season was in winter, when it was very cold. That's it! And, you know the saying: in April, do not remove a thread of clothing?

- And in May, do what you please! exclaims Mattéo.

- So, no, I don't know, what is it? asks Clara, curious.

- They're popular sayings, explains Patrick. Do not remove a thread of clothing means don't take your clothes off, don't forget to dress warmly. They're like proverbs to warn us that when the good

prévenir qu'à l'arrivée des beaux jours, il ne faut pas être trop optimiste, car en avril, il fait souvent froid. »

Clara trouve cela très intéressant. Et elle comprend qu'en mai, il va faire plus chaud, enfin ! Finies les écharpes et les chaussures montantes ! Elle a hâte de sortir une ou deux robes et de cesser de mettre deux pulls pour aller en cours.

En attendant, il faut aller faire quelques courses pour le repas de ce soir : des lardons, du gruyère, de la pâte feuilletée, du lait, des œufs, de la crème, du parmesan. De la salade, des oignons, de l'ail, quelques fruits et du fromage. Elles rentrent, les bras chargés, et commencent à cuisiner. Ce n'est pas très long à faire : la quiche lorraine, c'est un vrai plat du dimanche, facile à faire, réconfortant, et très bon ! Clara n'en a jamais fait, alors elle suit la recette avec attention pour la mettre sur son blog. Elle prend des photos à chaque étape et note scrupuleusement les détails de la confection. Elles préparent deux quiches : une avec des oignons, et une sans oignons.

Quand les quiches sont dans le four, Clara montre à Céline son CV et sa lettre de motivation. Elle se prépare à les envoyer à quelques établissements pour demander du travail. Céline est très impressionnée. Clara lui explique que Julien l'a aidée, bien sûr. Elles cherchent ensemble d'autres

weather arrives, we shouldn't be too optimistic because in April, it's often cold."

Clara finds this very interesting. And she understands that in May, it's going to be warmer, at last! No more scarves and high boots! She can't wait to get out a dress or two and stop wearing two sweaters to class.

In the meantime, we have to go to do some shopping for tonight's meal: bacon, Gruyère, puff pastry, milk, eggs, cream, parmesan. Salad, onions, garlic, fruit, and cheese. They come home, arms full, and start cooking. It doesn't take long to make; quiche lorraine is a real Sunday dish, easy to make, comforting, and very good! Clara has never made it, so she follows the recipe carefully to put it on her blog. She takes photos at each step and scrupulously notes the details of the preparation. They prepare two quiches; one with onions, and one without.

When the quiches are in the oven, Clara shows Céline her CV and cover letter. She's preparing to send them to a few establishments to ask for work. Céline is very impressed. Of course, Clara explains that Julien helped her. Together they look for other institutions that could be

institutions qui pourraient chercher un profil comme le sien, et trouvent encore quelques pistes.

Clara envoie cinq mails avec sa candidature en pièce jointe. Céline l'aide à rédiger des mails professionnels. Le français est exigeant : quand on écrit, il faut mettre les formes ! Le vouvoiement, le conditionnel, les formules de politesse. « À l'attention de, » « je vous prie de trouver en pièce jointe, » « je vous remercie de votre intérêt pour mon profil, » « dans l'attente d'un entretien, » « espérant retenir votre attention, » « bien cordialement... » Clara apprend tout cela, et elle doit avouer qu'elle trouve le français un peu verbeux. Aux États-Unis, bien sûr, on est polis ; mais on prend tout de même moins de pincettes.

Les mails envoyés, Clara commence déjà à s'impatienter. Elle espère trouver un travail rapidement. Céline se sent un peu coupable : elle devrait aussi chercher un travail. Clara la motive dans ce sens. Elle cherche également dans quel domaine elle pourrait se rendre utile et gagner un peu d'argent. Elle pourrait faire du baby sitting, ou s'occuper de personnes âgées. Elle regarde sur Internet et trouve rapidement quelques annonces intéressantes. Comme Clara, elle rédige un CV et quelques lettres de motivations, différentes pour différents petits boulots.

looking for a profile like hers, and come up with a few more leads.

Clara sends five emails with her application attached. Céline helps her write professional emails. French is demanding; when you write, you have to be formal! The use of "vouvoiement," the conditional tense and polite expressions. "To the attention of," "Please find attached," "Thank you for your interest in my profile," "Looking forward to an interview," "Hoping to retain your attention," "Best regards..." Clara learns all this, and has to admit that she finds French a little verbose. In the U.S., of course, we're polite, but we're not quite so polite.

The emails sent, Clara is already starting to get impatient. She hopes to find a job quickly. Céline feels a little guilty, she should be looking for a job too. Clara motivates her to do so. She's also looking for an area where she could be useful and earn some money. She could do baby sitting or look after the elderly. She looks on the Internet and quickly finds some interesting ads. Like Clara, she writes a CV and a few cover letters, different for different small jobs.

Cet après-midi très productif se termine quand les parents partent pour l'opéra. Ils disent au revoir et bonne soirée aux deux copines, puis s'en vont. Clara et Céline se lèvent, rangent les ordinateurs, et préparent l'apéritif : un peu de saucisson, des olives vertes et noires, un peu de fromage, des petits fours préparés avec la fin de la pâte feuilletée non utilisée pour les quiches lorraines. Elles sortent des verres, et c'est là qu'elles entendent frapper à la porte : ce sont Anouk, Max et Valentine, arrivés tous les trois en même temps, une belle tarte au citron ainsi que quelques bières.

Ils s'installent dans le salon pour commencer l'apéritif. Christophe arrive quelques minutes plus tard. Quand Céline ouvre la porte, elle rougit immédiatement : il a apporté des fleurs ! Quel gentleman ! Elle prend les fleurs comme elle prendrait un compliment. Elle sait que ce n'est pas vraiment pour elle, mais dans sa tête, c'est la même chose. Elle est complètement chamboulée !

Mais ce sont les têtes d'Anouk et de Valentine qui la ramènent sur terre : quand elles voient Christophe entrer dans le salon, elles font un si large sourire qu'il est difficile de ne pas deviner leurs pensées. Quel bel homme, en effet ! Céline va chercher un vase pour les fleurs et revient dans le salon avec un verre pour Christophe.

This very productive afternoon ends when the parents leave for the opera. They say goodbye and good evening to the two girlfriends, then leave. Clara and Céline get up, put the computers away, and prepare the aperitif; a little sausage, green and black olives, a little cheese, petit fours made with the last of the puff pastry not used for the quiche lorraines. They take out glasses, and that's when they hear a knock on the door; it's Anouk, Max and Valentine, all arriving at the same time, a nice lemon tart and a few beers.

They sit down in the living room to start the aperitif. Christophe arrives a few minutes later. When Céline opens the door, she immediately blushes; he's brought flowers! What a gentleman! She takes the flowers as she would a compliment. She knows it's not really for her, but in her head, it's the same thing. She's completely shaken!

But it's Anouk and Valentine's faces that bring her back down to earth; when they see Christophe enter the living room, they smile so broadly that it's hard not to guess their thoughts. What a handsome man indeed! Céline fetches a vase for the flowers and returns to the living room with a glass for Christophe.

La soirée se passe si bien qu'ils oublient l'heure. Tout est très bon, et la tarte de Valentine est une réussite ! Quand ils ont terminé la vaisselle, les parents de Céline rentrent de l'opéra. Patrick, heureux de rencontrer quelques amis de sa fille, propose un digestif. Tout le monde se réinstalle dans le salon, en famille, avec le chat, le chien, tous les amis.	The evening goes so well that they forget what time it is. Everything is very good, and Valentine's tart is a success! When they've finished cleaning up, Céline's parents return from the opera. Patrick, happy to meet some of his daughter's friends, suggests a digestif. Everyone settles back into the living room, with family, with the cat, the dog, all their friends.
Clara regarde la scène et, encore une fois, se dit qu'elle passe peut-être la plus belle année de sa vie. Le mois prochain s'annonce haut en couleur : déménagement, vrai printemps, partiels à préparer, et peut-être un nouveau travail !	Clara watches the scene and, once again, thinks she may be having the best year of her life. The next month promises to be a varied one: moving house, real springtime, mid-terms to prepare, and maybe a new job!

Questions (Chapitre 10)

1. Quel dicton signifie qu'il ne faut pas oublier de s'habiller chaudement ?
a) Il fait un froid de canard
b) En avril, ne te découvre pas d'un fil
c) Il fait froid pendant la chasse aux canards
d) En mai, fais ce qu'il te plaît

2. Qu'est-ce que signifie le dicton : « En mai, fais ce qu'il te plaît » ?
a) Qu'il va faire plus froid en mai
b) Qu'il ne faut pas oublier de s'habiller chaudement en mai
c) Qu'il va faire plus chaud en mai
d) Qu'il va pleuvoir en mai

3. Qu'est-ce que les filles cuisinent-elles pour le repas du soir ?
a) Des pâtes
b) Une quiche avec des oignons
c) Une quiche sans oignons
d) Deux quiches, une avec des oignons, et une sans oignons

4. Qu'est-ce que Céline recherche comme travail ? (Plusieurs réponses possibles)
a) Du babysitting
b) S'occuper de personnes âgées
c) Serveuse dans un restaurant
d) Prof de français

5. Qu'est-ce qu'Anouk, Max et Valentine ont emmené à la soirée ?
a) Une quiche lorraine
b) Des olives

Questions (Chapter 10)

1. Which saying means that you must remember to dress warmly?
a) It's freezing cold
b) In April, don't get too cold!
c) It's cold when you're duck hunting
d) In May, do as you please

2. What does the saying "In May, do as you please" mean?
a) That it will get colder in May
b) Don't forget to dress warmly in May.
c) It's going to get hotter in May
d) It's going to rain in May

3. What are the girls cooking for dinner?
a) Pasta
b) Quiche with onions
c) Quiche without onions
d) Two quiches, one with onions, one without

4. What kind of work is Céline looking for? (Several answers possible)
a) Babysitting
b) Looking after the elderly
c) Waitress in a restaurant
d) French teacher

5. What did Anouk, Max and Valentine take to the party?
a) Quiche Lorraine
b) Olives

c) Des petits fours
d) Une tarte au citron

c) Appetizers
d) A lemon tart

BONUS 1
RECETTE DE QUICHE LORRAINE

Ingrédients

- 1 pâte feuilletée préfabriquée (ou préparez la vôtre)
- 200 gr de lardons
- 1 tasse de gruyère râpé
- 1 tasse de crème épaisse
- 3 gros œufs
- Sel et poivre, selon le goût
- Pincée de muscade (facultatif)
- Ciboulette hachée pour la garniture (facultatif)

Élaboration

1. Préchauffer le four selon les instructions de la pâte feuilletée. Si vous la préparez vous-même, étalez la pâte et beurrez un moule à tarte. Précuire la pâte jusqu'à ce qu'elle soit légèrement dorée.
2. Dans une poêle, faites cuire les lardons jusqu'à ce qu'ils soient croustillants. Les égoutter sur du papier absorbant.
3. Répartir les lardons uniformément sur la pâte pré-cuite. Saupoudrer de gruyère râpé.
4. Dans un bol, fouetter les œufs, la crème épaisse, le sel, le poivre et la muscade si vous en utilisez. Verser le mélange sur les lardons et le fromage.
5. Faire cuire au four préchauffé jusqu'à ce que la quiche soit prise et que le dessus soit doré, généralement pendant 30 à 35 minutes.
6. Laisser la quiche refroidir quelques minutes avant de la découper. Garnir de ciboulette hachée si vous le souhaitez.

Note : Personnalisez avec vos ingrédients préférés tels que des oignons sautés ou des épinards. La quiche lorraine est délicieuse chaude ou à température ambiante. Bon appétit !

Bonus 1
Quiche Lorraine Recipe

Ingredients

- 1 pre-made puff pastry (or make your own)
- 200 g (about 7 oz) bacon, diced
- 1 cup shredded Gruyère cheese
- 1 cup heavy cream
- 3 large eggs
- Salt and pepper to taste
- Pinch of nutmeg (optional)
- Chopped chives for garnish (optional)

Preparation

1. Preheat the oven according to the puff pastry instructions. If making your own, roll out the dough and line a pie dish. Pre-bake the puff pastry until slightly golden.
2. In a pan, cook the diced bacon until crispy. Drain on paper towels.
3. Sprinkle the bacon evenly over the pre-baked crust. Top with shredded Gruyère cheese.
4. In a bowl, whisk together eggs, heavy cream, salt, pepper, and nutmeg if using. Pour the custard mixture over the bacon and cheese.
5. Bake in the preheated oven until the quiche is set and the top is golden brown, usually about 30-35 minutes.
6. Allow the quiche to cool for a few minutes before slicing. Garnish with chopped chives if desired.

Note: Customize with your favorite ingredients such as sautéed onions or spinach. Quiche Lorraine is delicious served warm or at room temperature. Enjoy!

Bonus 2
Clara's Book 5 in the series
Chapter 1 : Jour de fête

Ah ! Le **début** du mois de mai… Le mois préféré de beaucoup de français ! En effet, le début du mois de mai offre deux **jours** de **fête** très appréciés, car ils sont **fériés**. À sept jours d'intervalle, les Français ont un jour de **congé**. **En fonction du** jour de la semaine sur **lequel** cela tombe, ces jours donnent l'occasion aux **travailleurs** de partir en **vacances** : si ce sont des lundis ou des vendredis, on a deux week-ends de trois jours. Quand ils tombent un jeudi ou un mardi, on peut **parfois** prendre un jour de congé les vendredis ou les lundis, et on a alors deux week-ends de quatre jours ! Mais quand les jours fériés sont un samedi ou un dimanche, c'est une mauvaise année : pas de jours fériés.

Cette **année**-là, ces deux fêtes sont des lundis. Et c'est très **bienvenu**, car les filles doivent déménager et s'installer, et elles sont très contentes d'avoir un peu de bonus pour prendre leur temps.

Début (m) (nom commun) : beginning
Jour (m) (nom commun) : day
Fête (f) (nom commun) : party, celebration
Férié (adjectif) : public holiday

Congé (m) (nom commun) : day off
En fonction de (locution prépositionnelle) : depending on
Lequel (pronom) : which
Travailleur (m) (nom commun) : worker
Vacances (f, pl) (nom commun) : holidays
Parfois (adverbe) : sometimes
Année (f) (nom commun) : year
Bienvenu (adjectif) : welcome

« Mais c'est quoi, ces jours de fête ? Des fêtes religieuses ? demande Clara à Céline.

- Ah, pas du tout. Ce sont deux fêtes très différentes. Mais la première, le premier mai, tu la connais : c'est la fête du Travail ! répond Céline.

- Oh, c'est **drôle**, aux États-Unis, c'est en septembre ! s'étonne Clara.

- Oui, c'est drôle, car il me semble que c'est célébré le premier mai dans de très nombreux **pays**…

- Et le 8 mai, c'est quoi qu'on fête ? poursuit Clara.

- Alors, le 8 mai, c'est la fête de l'Armistice, répond encore Céline. La célébration de la fin de la **guerre**.

- De quelle guerre ?

- C'est la fin de la guerre en Europe, le 8 mai 1945. C'est un jour très important : la fin officielle de la Seconde Guerre mondiale, la capitulation de l'Allemagne et la victoire des alliés. C'est la **paix** revenue dans une Europe **dévastée** par la guerre, après deux guerres mondiales ! En France, l'un des **épicentres** des deux guerres, on a ce souvenir **ancré** dans les **mémoires**, explique Céline.

- Ça va être super intéressant, s'exclame Clara. Et pour le premier mai, vous faites quoi ?

- On fait la fête ! Il y a un **défilé** festif dans la rue, plus comme une **manifestation**, explique encore Céline. C'est l'occasion pour les Français de rappeler à l'État que les syndicats sont présents pour lutter pour les **droits** des travailleurs. En France, les travailleurs sont très protégés par la **loi** : temps de

travail, vacances, respect de la vie de famille, respect des genres et de la vie privée, respect des temps de vacances, contrats, salaires. Et nous considérons généralement que c'est très important. Tu verras, c'est très joyeux dans la rue.

- Génial. J'ai hâte de voir ça ! » se réjouit Clara.

Drôle (adjectif) : funny
Pays (m) (nom commun) : country
Guerre (f) (nom commun) : war
Paix (f) (nom commun) : peace
Dévasté (adjectif) : devastated
Épicentre (m) (nom commun) : epicenter
Ancré (adjectif) : rooted
Mémoire (f) (nom commun) : memory
Défilé (m) (nom commun) : parade
Manifestation (f) (nom commun) : protest
Droit (m) (nom commun) : right
Loi (f) (nom commun) : law

Ce petit cours d'histoire moderne donne à Clara l'occasion d'un nouvel article dans son blog. C'est aussi très rassurant de savoir qu'elles vont avoir du temps pour déménager. Elle a aussi hâte de voir les défilés du premier mai et de l'armistice : car Céline lui **explique** également que pour l'armistice, l'**armée** défile dans la rue.

Le premier lundi du mois de mai, les filles se réveillent un peu **tard** et prennent leur temps. Elles prennent le café ensemble avec les parents de Céline et Mattéo. En fin de matinée, elles vont chercher les **clés** de leur nouvel appartement. Elles auront les clés mais doivent encore faire l'état des lieux avant d'emménager. L'état des lieux est prévu pour le lendemain soir. Mais avoir les clés représente déjà quelque chose d'important pour elles : elles ont un « chez moi ! »

Elles retournent voir l'appartement **en vitesse** en début d'après-midi, juste **pour le plaisir**, puis elles se rendent à pied jusqu'à la place Bellecour, en plein centre de Lyon, pour participer au défilé du premier mai. Clara est impressionnée : il y a **beaucoup de monde**, des **chars** avec de la musique, les gens tiennent de grandes **banderoles** avec des messages politiques. Elles retrouvent Max, un **militant** de toutes les **luttes**. Il est toujours dans les manifestations et se tient informé des nouvelles **réformes**.

Expliquer (verbe) : to explain
Armée (f) (nom commun) : army
Tard (adverbe) : late
Clé (f) (nom commun) : key
En vitesse (locution adverbiale) : quickly
Pour le plaisir (locution adverbiale): for pleasure, for the pleasure
Beaucoup de monde (locution adverbiale) : a lot of people
Char de musique (m) (nom commun) : bandwagon
Banderole (f) (nom commun) : banner
Militant (m) (nom commun) : activist
Lutte (f) (nom commun) : struggle
Réforme (f) (nom commun) : reform

Clara **se rend compte** qu'en France, quel que soit l'âge ou le statut social, on s'intéresse de près à la politique. On n'a pas besoin d'avoir fait de hautes études ou d'avoir un intérêt particulier : tout le monde s'intéresse à la politique et tout le monde a quelque chose à dire. En général, bien sûr, les Français ne sont pas contents des nouvelles réformes. Les lois sont souvent difficiles à faire passer. Mais **au moins**, se dit-elle, le **peuple** est attentif à son **sort**. Elle trouve que les Français ont raison de protester, car il faut toujours être vigilant.

Elle est encore plus impressionnée de voir les chars de police présents sur la manifestation. C'est très **encadré** ! C'est aussi assez conflictuel. « La police et les Français ne sont pas très copains, » explique Max. Surtout quand il y a une manifestation, bien sûr. Les messages sur les banderoles portent sur différentes choses : l'âge de la **retraite**, la sécurité sociale, l'**augmentation** des **salaires** sont quelques exemples. Max explique beaucoup de choses à Clara au sujet des lois françaises sur le travail. Et ça tombe bien, car Clara va peut-être bientôt travailler. Elle apprend le fonctionnement des contrats, des jours de congé, la **cotisation**, les impôts.

La fin de la journée se déroule en suivant le **cortège** jusqu'à la place des Terreaux, en musique, très festif. À la fin du défilé, les trois amis se rendent dans un bistrot de la place des Terreaux pour prendre un café et une petite bière. Le jour de fête est déjà fini, et il va falloir aller à la fac demain – et au travail pour Max. Mais la semaine va être plus **courte**, et c'est un vrai plaisir de commencer une semaine de quatre jours **seulement** !

Se rendre compte (verbe) : to realize
Au moins (locution adverbiale) : at least
Peuple (m) (nom commun) : people
Sort (m) (nom commun) : fate
Encadré (adjectif) : controlled, supervised
Retraite (f) (nom commun) : retirement
Augmentation (f) (nom commun) : increase
Salaire (m) (nom commun) : salary
Cotisation (f) (nom commun) : contributions
Cortège (m) (nom commun) : procession
Court (adjectif) : short
Seulement (adverbe) : only

Questions (Bonus 2)

1. Qu'est-ce qu'un jour férié ? (Plusieurs réponses possibles)
a) Un jour durant lequel on travaille
b) Un jour durant lequel on ne travaille pas
c) Un jour durant lequel les travailleurs peuvent partir en vacances
d) Un jour de congé

2. Cette année, quel est le jour des deux fêtes du mois de mai ?
a) Le lundi
b) Le samedi
c) Le dimanche
d) Le jeudi

3. Que célèbre t-on le premier mai ?
a) L'Armistice
b) Pâques
c) Le déménagement des filles
d) La fête du Travail

4. Que célèbre t-on le 8 mai ? (Plusieurs réponses possibles)
a) La fin de la guerre
b) La fête du Travail
c) L'Armistice
d) La fin des cours

5. Que vont chercher les filles avant d'aller au défilé du premier mai ?
a) Des cafés
b) Des banderoles
c) Les clés de l'appartement
d) Quelque chose à manger

(Bonus 2)

1. Jour de fête

Ah ! Le début du mois de mai… Le mois préféré de beaucoup de français ! En effet, le début du mois de mai offre deux jours de fête très appréciés, car ils sont fériés. À sept jours d'intervalle, les Français ont un jour de congé. En fonction du jour de la semaine sur lequel cela tombe, ces jours donnent l'occasion aux travailleurs de partir en vacances : si ce sont des lundis ou des vendredis, on a deux week-ends de trois jours. Quand ils tombent un jeudi ou un mardi, on peut parfois prendre un jour de congé les vendredis ou les lundis, et on a alors deux week-ends de quatre jours ! Mais quand les jours fériés sont un samedi ou un dimanche, c'est une mauvaise année : pas de jours fériés.

Cette année-là, ces deux fêtes sont des lundis. Et c'est très bienvenu, car les filles doivent déménager et s'installer, et elles sont très contentes d'avoir un peu de bonus pour prendre leur temps.

« Mais c'est quoi, ces jours de fête ? Des fêtes religieuses ? demande Clara à Céline.

- Ah, pas du tout. Ce sont deux fêtes très différentes. Mais la première, le premier mai, tu la connais : c'est la fête du Travail ! répond Céline.

(Bonus 2)

1. Day of celebration

Ah, the beginning of May… France's favorite month! Indeed, the beginning of May offers two much appreciated days of celebration because they are public holidays. Every seven days, the French have a day off. Depending on which day of the week it falls on, these days give workers the opportunity to go on vacation; if they are Mondays or Fridays, we have two three-day weekends. When they fall on a Thursday or Tuesday, we can sometimes take a day off on Fridays or Mondays, and then we have two four-day weekends! But when the holidays fall on a Saturday or Sunday, it's a bad year: no holidays.

This year, both holidays are on Mondays. And that's very welcome because the girls have to move and settle in, and they're very happy to have a little bonus to take their time.

"But what are these festive days? Religious holidays? Clara asks Céline.

- Ah, not at all. They're two very different holidays. But the first one, May 1st, you know it; it's Labor Day! replies Céline.

- Oh, c'est drôle, aux États-Unis, c'est en septembre ! s'étonne Clara.

- Oui, c'est drôle, car il me semble que c'est célébré le premier mai dans de très nombreux pays...

- Et le 8 mai, c'est quoi qu'on fête ? poursuit Clara.

- Alors, le 8 mai, c'est la fête de l'Armistice, répond encore Céline. La célébration de la fin de la guerre.

- De quelle guerre ?

- C'est la fin de la guerre en Europe, le 8 mai 1945. C'est un jour très important : la fin officielle de la Seconde Guerre mondiale, la capitulation de l'Allemagne et la victoire des alliés. C'est la paix revenue dans une Europe dévastée par la guerre, après deux guerres mondiales ! En France, l'un des épicentres des deux guerres, on a ce souvenir ancré dans les mémoires, explique Céline.

- Ça va être super intéressant, s'exclame Clara. Et pour le premier mai, vous faites quoi ?

- On fait la fête ! Il y a un défilé festif dans la rue, plus comme une manifestation, explique encore Céline. C'est l'occasion pour les Français de rappeler à l'État que les syndicats sont présents pour lutter pour les droits des travailleurs.

- Oh, that's funny, in the U.S., that's in September! Clara is surprised.

- Yes, it's funny, because it seems to me that it's celebrated on May 1st in many countries...

- And what do we celebrate on May 8th? continues Clara.

- Well, May 8 is Armistice Day, replies Céline again. The celebration of the end of the war.

- What war?

- It's the end of the war in Europe, May 8, 1945. It's a very important day; the official end of the Second World War, the surrender of Germany, and the victory of the Allies. Peace returned to a Europe devastated by war, after two world wars! In France, one of the epicenters of both wars, this memory is deeply rooted, explains Céline.

- It's going to be really interesting, exclaims Clara. And what are you doing for May Day?

- We celebrate! There's a festive parade in the street, more like a demonstration, explains Céline. It's an opportunity for the French to remind the government that unions are there to fight for workers' rights. In France, workers are very well

En France, les travailleurs sont très protégés par la loi : temps de travail, vacances, respect de la vie de famille, respect des genres et de la vie privée, respect des temps de vacances, contrats, salaires. Et nous considérons généralement que c'est très important. Tu verras, c'est très joyeux dans la rue.

- Génial. J'ai hâte de voir ça ! » se réjouit Clara.

Ce petit cours d'histoire moderne donne à Clara l'occasion d'un nouvel article dans son blog. C'est aussi très rassurant de savoir qu'elles vont avoir du temps pour déménager. Elle a aussi hâte de voir les défilés du premier mai et de l'armistice : car Céline lui explique également que pour l'armistice, l'armée défile dans la rue.

Le premier lundi du mois de mai, les filles se réveillent un peu tard et prennent leur temps. Elles prennent le café ensemble avec les parents de Céline et Mattéo. En fin de matinée, elles vont chercher les clés de leur nouvel appartement. Elles auront les clés mais doivent encore faire l'état des lieux avant d'emménager. L'état des lieux est prévu pour le lendemain soir. Mais avoir les clés représente déjà quelque chose d'important pour elles : elles ont un « chez moi ! »

Elles retournent voir l'appartement en vitesse en début d'après-midi,

protected by law; working hours, vacations, respect for family life, respect for gender and privacy, respect for vacation time, contracts, wages. And we generally consider this to be very important. You'll see, it's very cheerful on the street.

- Awesome. I can't wait to see it!" Clara enthuses.

This short lesson in modern history gives Clara the opportunity for a new blog post. It's also very reassuring to know that they'll have time to move. She's also looking forward to seeing the May Day and Armistice parades because Céline also explains that for Armistice Day, the army marches through the streets.

The first Monday in May, the girls wake up a little late and take their time. They have coffee together with Céline and Mattéo's parents. At the end of the morning, they pick up the keys to their new apartment. They'll get the keys but still have to do an inventory of fixtures before moving in. The inventory is scheduled for the following evening. But having the keys already represents something important for them; they have a "home"!

They rush back to the apartment in the early afternoon, just for fun,

juste pour le plaisir, puis elles se rendent à pied jusqu'à la place Bellecour, en plein centre de Lyon, pour participer au défilé du premier mai. Clara est impressionnée : il y a beaucoup de monde, des chars avec de la musique, les gens tiennent de grandes banderoles avec des messages politiques. Elles retrouvent Max, un militant de toutes les luttes. Il est toujours dans les manifestations et se tient informé des nouvelles réformes.

Clara se rend compte qu'en France, quel que soit l'âge ou le statut social, on s'intéresse de près à la politique. On n'a pas besoin d'avoir fait de hautes études ou d'avoir un intérêt particulier : tout le monde s'intéresse à la politique et tout le monde a quelque chose à dire. En général, bien sûr, les Français ne sont pas contents des nouvelles réformes. Les lois sont souvent difficiles à faire passer. Mais au moins, se dit-elle, le peuple est attentif à son sort. Elle trouve que les Français ont raison de protester, car il faut toujours être vigilant.

Elle est encore plus impressionnée de voir les chars de police présents sur la manifestation. C'est très encadré ! C'est aussi assez conflictuel. « La police et les Français ne sont pas très copains, » explique Max. Surtout quand il y a une manifestation, bien sûr. Les messages sur les banderoles portent sur différentes choses : l'âge de la retraite, la sécurité sociale,

then they walk to Place Bellecour, in the center of Lyon, to take part in the May Day parade. Clara is impressed; there are lots of people, floats with music, people holding big banners with political messages. They meet up with Max, an activist in all the struggles. He's always at the demonstrations and keeps himself abreast of new reforms.

Clara realizes that in France, regardless of age or social status, people take a keen interest in politics. You don't need to be highly educated or have a particular interest; everyone is interested in politics and everyone has something to say. In general, of course, the French are not happy with new reforms. Laws are often difficult to pass. But at least, she says to herself, the people are attentive to their fate. She thinks the French are right to protest because we must always be vigilant.

She is even more impressed to see the police tanks present at the demonstration. It's very supervised! It's also quite confrontational. "The police and the French aren't very friendly," explains Max. Especially when there's a demonstration, of course. The messages on the banners are about different things: retirement age, social security, higher wages are

l'augmentation des salaires sont quelques exemples. Max explique beaucoup de choses à Clara au sujet des lois françaises sur le travail. Et ça tombe bien, car Clara va peut-être bientôt travailler. Elle apprend le fonctionnement des contrats, des jours de congé, la cotisation, les impôts.

La fin de la journée se déroule en suivant le cortège jusqu'à la place des Terreaux, en musique, très festif. À la fin du défilé, les trois amis se rendent dans un bistrot de la place des Terreaux pour prendre un café et une petite bière. Le jour de fête est déjà fini, et il va falloir aller à la fac demain – et au travail pour Max. Mais la semaine va être plus courte, et c'est un vrai plaisir de commencer une semaine de quatre jours seulement !

just a few examples. Max explains a lot to Clara about French labor laws. And that's good because Clara may be going to work soon. She learns about contracts, days off, contributions, taxes.

The day ends with a festive procession to the Place des Terreaux, complete with music. At the end of the parade, the three friends go to a bistro on the Place des Terreaux for a coffee and a small beer. The day of celebration is already over, and they'll have to get to college tomorrow - and back to work for Max. But the week is going to be shorter, and it's a real pleasure to start a week of only four days!

Questions (Bonus 2)

1. Qu'est-ce qu'un jour férié ? (Plusieurs réponses possibles)
a) Un jour durant lequel on travaille
b) Un jour durant lequel on ne travaille pas
c) Un jour durant lequel les travailleurs peuvent partir en vacances
d) Un jour de congé

2. Cette année, quel est le jour des deux fêtes du mois de mai ?
a) Le lundi
b) Le samedi
c) Le dimanche
d) Le jeudi

3. Que célèbre t-on le premier mai ?
a) L'Armistice
b) Pâques
c) Le déménagement des filles
d) La fête du Travail

4. Que célèbre t-on le 8 mai ? (Plusieurs réponses possibles)
a) La fin de la guerre
b) La fête du Travail
c) L'Armistice
d) La fin des cours

5. Que vont chercher les filles avant d'aller au défilé du premier mai ?
a) Des cafés
b) Des banderoles
c) Les clés de l'appartement
d) Quelque chose à manger

Questions (Bonus 2)

1. What is a public holiday? (Several answers possible)
a) A day on which we work
b) A day on which we don't work
c) A day on which workers can go on vacation
d) A day off work

2. This year, what day are the two May bank holidays?
a) Monday
b) Saturday
c) Sunday
d) Thursday

3. What is celebrated on May 1st?
a) Armistice Day
b) Easter
c) Girls' moving day
d) Labor Day

4. What is celebrated on May 8? (Several answers possible)
a) The end of the war
b) Labour Day
c) Armistice Day
d) End of school

5. What will the girls look for before going to the May Day parade?
a) Coffee
b) Banners
c) Apartment keys
d) Something to eat

Answers

Chapter 1
1 : d
2 : a
3 : c
4 : a, d
5 : c

Chapter 2
1 : a
2 : a, b, c
3 : d
4 : b
5 : c

Chapter 3
1 : b
2 : a, c, d
3 : d
4 : c, d
5 : c

Chapter 4
1 : b
2 : a, d
3 : a
4 : b, c, d
5 : b

Chapter 5
1 : a
2 : c, d
3 : a, c
4 : d
5 : c

Chapter 6
1 : b
2 : c
3 : a
4 : c
5 : c, d

Chapter 7
1 : c
2 : a, b, c
3 : d
4 : c
5 : a

Chapter 8
1 : d
2 : a
3 : a
4 : d
5 : c, d

Chapter 9
1 : b
2 : b
3 : a, b, d
4 : a, b, c
5 : a, c

Chapter 10
1 : b
2 : c
3 : d
4 : a, b
5 : d

Bonus 2 - Chapter 1
1 : b, c, d
2 : a
3 : d
4 : a, c
5 : c

Download the Audiobook & PDF below!

www.ingramcontent.com/pod-product-compliance
Lightning Source LLC
Chambersburg PA
CBHW072057110526
44590CB00018B/3211